谨以此书献给黄裳先生诞辰一百周年

榆下夕拾

黄裳　著
凌济　编

齊魯書社

图书在版编目（CIP）数据

榆下夕拾 / 黄裳著；凌济编. -- 济南：齐鲁书社，2019.6
ISBN 978-7-5333-4114-5

Ⅰ. ①榆… Ⅱ. ①黄… ②凌… Ⅲ. ①中国文学－当代文学－作品综合集 Ⅳ. ①I217.2

中国版本图书馆CIP数据核字(2019)第091657号

榆下夕拾
YUXIA XISHI
黄　裳　著
凌　济　编

主管单位　山东出版传媒股份有限公司
出版发行　齐鲁书社
社　　址　济南市英雄山路189号
邮　　编　250002
网　　址　www.qlss.com.cn
电子邮箱　qilupress@126.com
营销中心　(0531) 82098521　82098519
印　　刷　山东临沂新华印刷物流集团有限责任公司
开　　本　880mm × 1230mm　1/32
印　　张　13
插　　页　10
字　　数　250千
版　　次　2019年6月第1版
印　　次　2019年6月第1次印刷
印　　数　1-2000
标准书号　ISBN 978-7-5333-4114-5
定　　价　**88.00元**

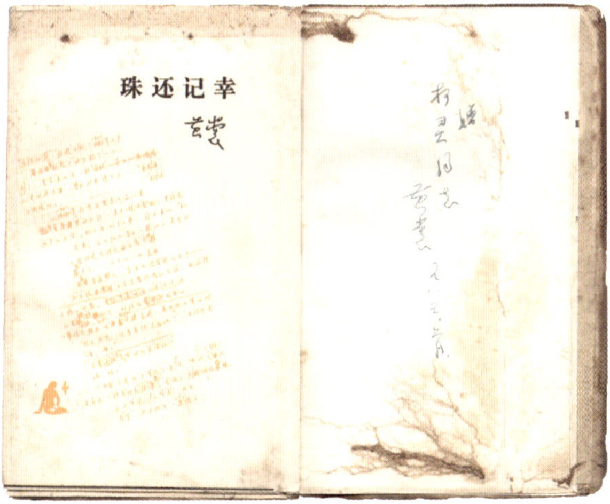
珠还记幸

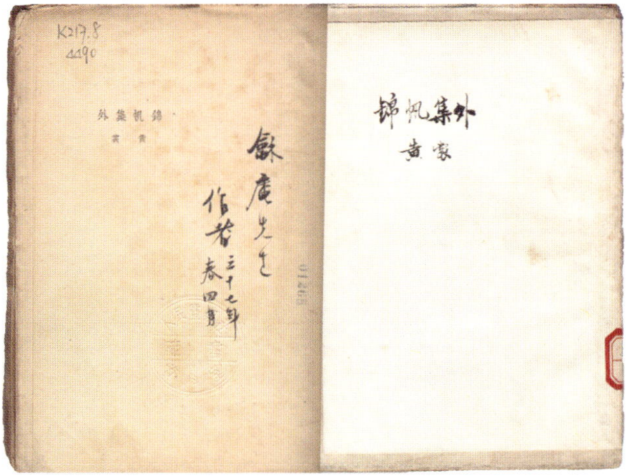
K217.8
4490
錦帆集外
黄裳
歙庵先生
作者
三十七年春四月
錦帆集外
黄裳

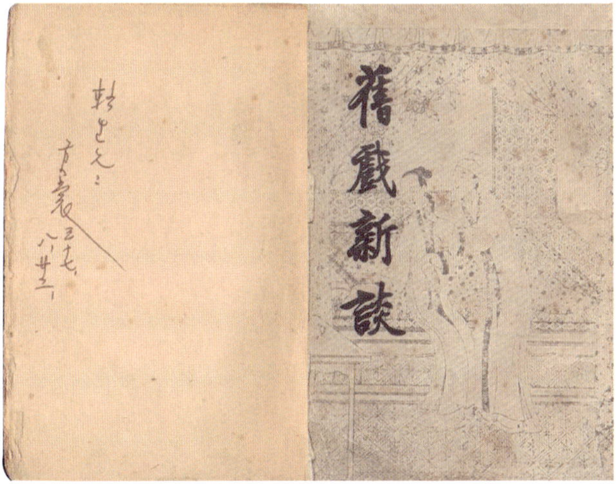
舊戲新談

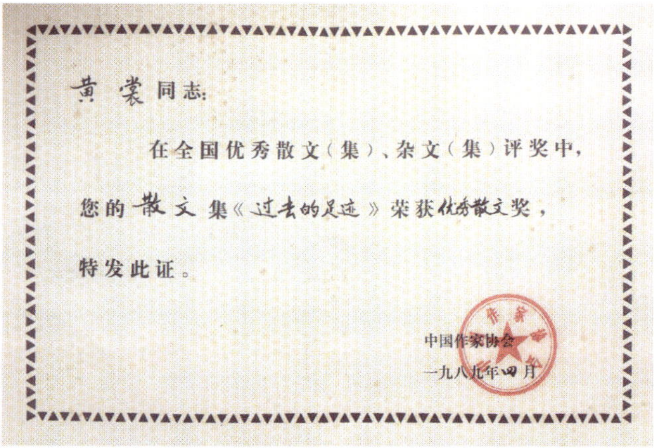
黄裳同志：

在全国优秀散文（集）、杂文（集）评奖中，

您的散文集《过去的足迹》荣获优秀散文奖，

特发此证。

中国作家协会

一九八九年四月

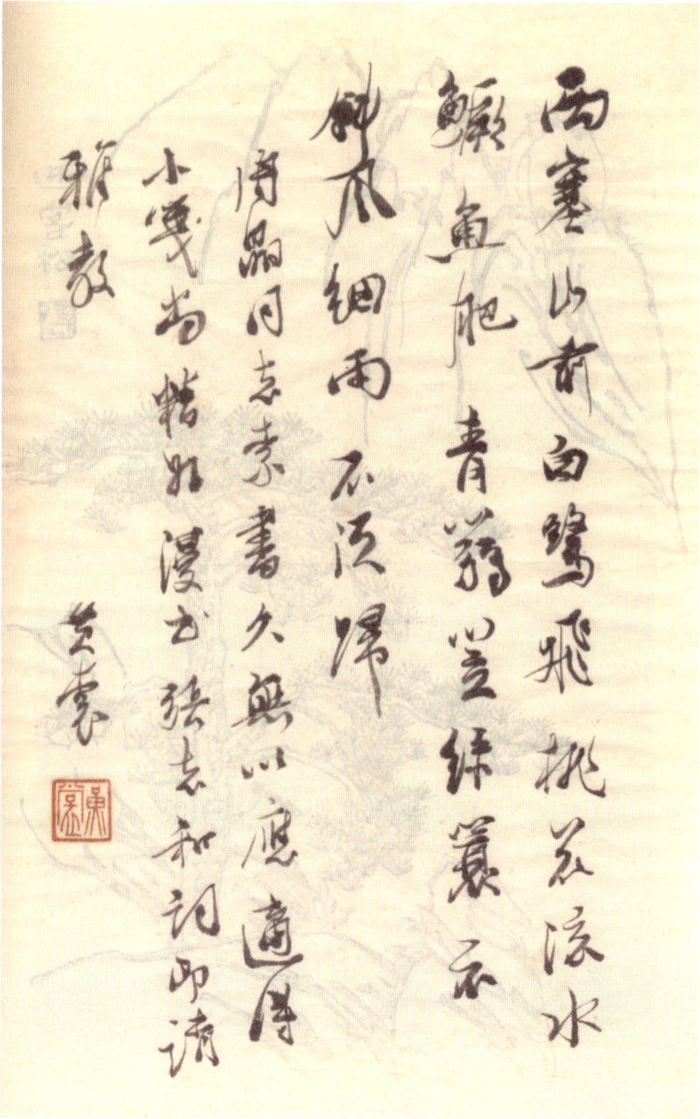
西塞山前白鷺飛
桃花流水鱖魚肥
青箬笠綠蓑衣
斜風細雨不須歸
胥鼎同志索書久無以應適得
小箋尚精好漫書張志和詞即請
雅教
笑農

醉觅醇醪缘等梦、不是湖楼浪得名为此好春揩一醉醉看红袖至倾城

五十年前游湖上漫成小诗

书似

德斋先生哂正 黄裳

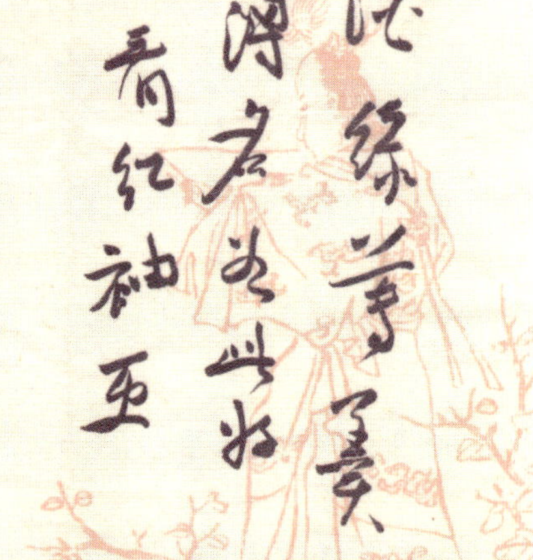

琐忆1980年代与黄裳先生的交往（代序）

陈子善

今年是黄裳先生诞辰一百周年。济南凌济兄是“黄迷”，不是一般的“黄迷”，而是十分入迷、近乎痴迷的资深“黄迷”。他起意编一部《榆下夕拾》作为纪念，并为黄裳研究的深入提供新的史料。因我与黄先生有交往，他要我写些话。当然，这是义不容辞的。

我拜访黄先生，向黄先生请教，始于20世纪80年代初。但是，我那时自以为记忆力强，不记日记，以致到了年过七十的今天，许多交往细节早已不复记忆。值得庆幸的是，三年前，陆灏兄摘示黄先生1980年代日记中关于我的若干记载，正好可以据此追忆当年面聆黄先生教诲的一些情景。以下就照录黄先生的相关日记，并略做回顾和考释。

1982 年

11 月 22 日:“得陈子善信(郁达夫集编者),复之。”

11 月 24 日:“下午陈子善来访,谈有关郁达夫事。渠为文集编者之一,以《郁达夫忆鲁迅》小册相赠,谈至五时始去。”

这应该是我首次打扰黄先生。先写信求见,黄先生当天就作复,我第二天收到,第三天就登门拜访。那时平邮信件真快,如在今天,就非快递不可了。首次求见,话题就围绕郁达夫。郁达夫是黄先生很感兴趣的文坛前辈,他晚年还写过关于郁达夫《忏余集》的长篇“拟书话”,对达夫的名文《钓台的春昼》《迟桂花》等都有精到的品评。因此,那天下午在黄宅“谈到五时始去”,黄先生一定也是谈兴甚浓。

《郁达夫忆鲁迅》是我与王自立先生合作编注的一本小书,收录郁达夫所写的关于鲁迅的长文短制,胡愈之先生题签,1982 年 1 月花城出版社初版。

1983 年

5 月 15 日:“发陈子善信,约期来取郁达夫题《湘弦别谱》拍照。”

5月18日:“上午陈子善来,谈半小时去。以郁达夫题《湘弦别谱》一册借之拍照。他谈到了一些问题,朱自清、徐志摩等日记都被删节后重印,结果许多有价值的东西删落了。主要的正是对时人的评论,这是可以写一文的。”

7月5日:“陈子善来访,还来书二本;又赠达夫资料二本,复信谢之。”

这三段日记都与我向黄先生借《湘弦别谱》一事有关。应该是首次拜见黄先生时,他主动提及藏有郁达夫旧藏《湘弦别谱》,半年之后我才斗胆去信索借。线装《湘弦别谱》一册,清朱绶自刻词集,黄先生认为是“罕传佳本”,又系“风雨茅庐中出者,更可珍矣”。我不研究词学,但那时我与王自立先生合编的《郁达夫文集》还在陆续出版中,急需有意思的书影作为插图。《文集》前几卷中,责编疏忽,竟选用了一种盗版本书影,闹了笑话,后来《文集》重印精装本时才抽换。《湘弦别谱》既是达夫旧藏,封面又有他的亲笔题签,无疑可作别具一格的书影之用,所以才贸然开口,没想到黄先生一口应允。黄先生藏书多,好不容易检出后通知我去取。我拍好照归还时,黄先生不在家,是师母接待的。奉呈的“达夫资料二本”,极可能是《郁达夫研究资料》上、下册(与王自立先生合编,1982年12月天津人民出版社初版)。黄先生还特别复信致谢,老一辈讲究礼数,由此可见一斑。可惜《湘弦别谱》的书影,《郁达夫文集》未能用上,后来用在1995年3月三联书店出版的《卖文买书——郁达夫和书》中,总算没有辜负黄先生的一番美意。

关于"朱自清、徐志摩等日记都被删节后重印"事,应是我告诉黄先生,朱自清日记整理发表过程中出现了问题。1963年11月,上海文艺出版社版《中国现代文艺资料丛刊》第三辑刊出王瑶先生"选录"的《朱自清日记选录》;1981年《新文学史料》从总第10期起又连载陈竹隐先生整理的《朱自清日记》。虽然陈先生已在她的《前言》中说"我把日记中纯粹属于个人生活记载的若干文字删掉了",虽然两位都是"选录",所选有所不同本在情理之中,但当我把王选本与陈选本加以对照,发现1933年1月28日全天和1月29日一大段总共一千二百余字的日记陈选本未录时,我仍感到惊讶。我向黄先生表示了自己的困惑,黄先生认为"这是可以写一文的"。后来,1998年3月江苏教育出版社初版《朱自清全集》第九卷刊登的朱自清日记中,这一千二百余字仍未恢复。

1985年

9月11日:"得陈子善信,复之,赠《珠还记幸》一册。他说最近在北京三联服务部欲买此书,已售缺了。不料此书销路如此,过去曾为书价太高而担心,可见自有读书,不计较此种事也。”

黄先生著《珠还记幸》1985年5月北京三联书店初版，厚达524页，价3.20元，在当时算较贵的书，所以黄先生对此书的销路有点担心。但出乎他意料的是，此书大受欢迎。我在北京未能买到，只能厚着脸皮向他讨书。为写此文，检出他34年前送我的这本《珠还记幸》，前环衬有他的钢笔题签：

赠子善同志　　黄裳　一九八五，九月。

更出我意外的是，书中扉页之后还夹有一通黄先生9月11日当天复我的短信，多年来我无数次查阅此书，竟一直没注意到！现把此信一并照录如下：

子善同志：

信悉。

小书一册寄上，请哂存。此书竟在京售缺，亦出意料。

你说国内有些学术刊物发表评说我的散文的文章，我因孤陋，未见，有暇盼以目录见示，感甚。

匆祝

刻安

黄裳　九月十一日

当时什么刊物发表了谁写的评论黄裳先生散文的文章，已无法记起，但黄先生的嘱托，想必是办理了。

1986 年

4 月 4 日："得陈子善信，告台湾《联合文学》(86/2)二卷四期转载我的散文六篇，题为《书卷墨痕——黄裳散文六篇》……

4 月 13 日："寄陈凡、陈子善、俞平伯信。"

4 月 29 日："下午陈子善来谈，赠《联合文学》(16 期)一册，有选我的散文六篇。赠以《河里子集》一册。谈至五时许去。"

这三段日记都与黄先生散文在台湾地区转载一事有关。台湾大型文学月刊《联合文学》创刊于 1984 年 11 月，诗人痖弦主编，编辑委员为梁实秋、夏志清、陈映真、余英时、白先勇、王文兴、李欧梵等，阵容强大，至今仍是台湾屈指可数的文学杂志。《联合文学》创刊号就刊出"作家专卷"，较为全面地推介作家兼画家的木心，后又辟有不定期的"大陆文坛"专栏，在转载黄先生散文之前，转载过作家魏金枝、陈白尘、仇学宝、张弦、李存葆、贾平凹和学者冯友兰等的作品。1986 年 2 月《联合文学》第 16 期"大陆文坛"栏刊登了以《书卷墨痕——黄裳散文六篇》为总题的黄先生新时期创作的六篇散文,即《珠还记幸》《我的端砚》《如梦记》《诚则灵》《"雅贼"》《"危险的行业"》。难得的是,专辑之前,还有一则以"编辑室"名义加的按语,节录如下:

老作家黄裳在散文创作之外,也是知名的版本学家和藏书家。因为特别喜欢"旧",到了"破四旧"的"文革"爆发时,自是在劫难逃,抄家后发放"干校""劳改"。近年复出后,执笔为文,免不了涉及"文革",但鲜有直笔,多寄托于旧时文物、故人翰墨的怀念。笔触含蓄内敛,每在平淡中另有所讽。……

从文笔的老到推测,这则按语很可能出自痖弦先生本人手笔。这是黄裳先生的作品首次进入台湾,黄先生想必是高兴的。"一九八五年在香港出版的散文集"为《珠还集》,1985年5月香港三联书店初版,六篇散文均收在此书之中。此书我记不起得之何处,但2004年秋拜访黄先生时,请他在此书上补题:

此香港印本,与内地不同,亦版本异同之一事。

子善兄藏

黄裳　甲申秋盛暑

4 月 29 日黄先生日记中所记的赠我的《河里子集》系散文和杂文合集,1986 年 1 月香港博益出版公司初版,为黄先生晚年所出集子中开本最小的一种。那天下午又“谈至五时许去”,可见黄先生又一次谈兴甚浓。

1986 年

7 月 22 日:“寄俞平伯、钟叔河、陈子善信,为编《知堂集外文》事。”

8 月 7 日:“下午陈子善来,长谈,商编印《知堂集外文》事。又知海外文坛诸事。孔罗荪、刘白羽等在巴黎与海外学人争论梁实秋评价事。又说柯灵近撰一文论梁实秋,将在港报发表云。”

从这两段日记可知,至少在 1986 年 7 月之前,已有编辑《知堂集外文》之议。此事是钟叔河先生提议的。钟先生嘱我参与,更希望得到俞平伯先生和黄先生的指点和帮助。一定是钟先生或我先向黄先生提出,所以才有黄先生 7 月 22 日给我们三人的信。而到了 8 月 7 日,我又造访黄先生,与他进一步讨论此事。

在此期间，我向钟先生推荐并做了增补的《知堂杂诗抄》书稿也已编竣，这可以我写的《知堂杂诗抄·外编后记》落款“一九八六年夏于上海”为证，时间上完全吻合。记得黄先生知道此事，很高兴。一次拜访他时，他从书架上抽出一册知堂著《过去的生命》1933 年 11 月北新书局三版本给我，说：你弄的《知堂杂诗抄》是旧诗，老人还写过新诗，我有好几本，这本就送你。这册《过去的生命》前环衬上有黄先生的钢笔题字："鼎昌　一九四二年五月卅日"，十年浩劫中被抄没，封面、前环衬和扉页上钤了三方“文汇报藏书”钢印，改革开放后才发还。

8 月 7 日日记中所记的另一事，指 1986 年春法国汉学家于儒伯在巴黎主办中国抗战文学研讨会，与会的孔罗荪、刘白羽等内地作家与香港学者梁锡华就如何评价抗战初期梁实秋提出的所谓“与抗战无关论”发生争论，在港台和海外文坛引起较大反响。孔罗荪先生是文艺评论家，当年就是批判梁实秋的主将之一，后长期担任上海作协书记处书记。1976 年 2 月以后，我作为后辈曾与他在上海师大中文系共事过一个短时期，多次一同挤公交，聊天。“四人帮”倒台后，他调回上海作协，1978 年 4 月调往北京文艺报社。但我那时孤陋寡闻，还不知道历史上曾有过这场争论，也就失去了就此事向他请教的机会。黄先生应该认识孔先生，所以，我当时把巴黎研讨会的消息报告黄先生。而柯灵先生“近撰一文”则指他 1986 年 7 月 11 日完成的长文《回首灯火阑珊处——〈中国现代文学序跋丛书——散文卷〉引言》，文中对如何“撇开政治、历史和心理因素”，“完整地理解”梁实秋关于抗战文学的那段有名的话提出了新的看法。

1986 年

9 月 15 日：“去四马路旧书店看书……遇陈子善君。他买到我一册《新北京》，为签名于册首。又得转来钟叔河一信，商编《知堂集外文》事，坚请撰序。”

这次在福州路上海旧书店见到黄先生，真是巧遇。更巧的是，我刚买到他的散文集《新北京》，1951 年 1 月上海出版公司再版本，列为“艺文新辑”之一，售价 0.40 元。此册是图书馆的剔旧书，书品一般，但机不可失，当场请黄先生签名，他在前环衬大笔一挥：“为子善同志题　黄裳　一九八六，九，十五”。记忆中黄先生那天没有买书，他是大藏家，虽然兴致不减当年，独自逛旧书店，但今非昔比，一般的新旧书刊自然不入他的法眼。

当天日记中还记下一件重要的事，即我转呈黄先生一通钟先生的信，钟先生“坚请”黄先生为正在编辑的《知堂集外文》作序。

9月21日："得陈子善信，嘱转函俞平老提供知堂为其诗所作跋文。发俞平伯、陈子善信。"

9月27日："得俞平老信，告五十自叹稿及知堂跋已佚。"

我不知从哪里得知俞平伯先生藏有知堂为他的"五十自叹稿"所作跋文，于是央请黄先生代为设法，黄先生即致函俞老询问。虽然结果令人失望(《俞平伯全集》也只收录了他的《六十自嗟》八首)，黄先生对我有求必应，至今令我感铭。

10月21日："得陈子善信，附来钟叔河请问知堂诗钞疑误诸字，尽所知复之。"

10月22日："得陈子善信，即复之。"

此两段日记应都与《知堂杂诗抄》书稿有关。钟叔河先生收到我寄去的《知堂杂诗抄》书稿，审稿时发现"疑误诸字"，嘱我转信向黄先生请教，黄先生"尽所知"做了答复。《知堂杂诗抄》1987年1月由岳麓书社初版。

1987 年

1 月 14 日："得陈子善信，欲照周作人书迹，系钟叔河信中所要求者。"

1 月 20 日："寄陈子善信。"

3 月 1 日："下午陈子善来，坐谈良久。见钟叔河信。他送来知堂集外文编 49 年以后剪贴稿约 50 万字，将尽力读毕之。"

3 月 2 日："整日读知堂小文，并作札记，校改错字。文章实在写得不坏，是上等的小品也。"

3 月 8 日："整日读知堂文，大致完工，计共用七天。"

这五段日记，继续围绕《知堂集外文》而展开。我把 1949 年以后的《知堂集外文》第一种书稿（即《〈亦报〉随笔》）送请黄先生审阅，黄先生用了一周时间读完书稿，认为是"上等的小品"。他还做了札记，因向钟先生推辞不获，开始为写序做准备。遗憾的是，黄先生最后仍未能命笔成文。拙编《知堂集外文·〈亦报〉随笔》1988 年 1 月由岳麓书社初版，书前只有钟叔河先生一篇序。同年 8 月，《知堂集外文·四九年以后》由岳麓书社初版，书前仍只有钟先生一篇序。

3 月 10 日："傍晚陈子善来，携来知堂文数篇。以《过去的足迹》一册赠之，并请代复印两篇杂文。"

《过去的足迹》是黄先生的散文自选集，1984 年 8 月人民文学出版社初版。送我的这本前环衬题字："赠子善兄　黄裳一九八七，三月"，黄先生为何时隔三年才送我此书？原来这是一册毛边本，印数一定甚少，黄先生大概刚刚检出。这是黄先生送我的第一本毛边本，也是我所获赠的现代作家的第一本毛边本。

3 月 26 日："下午陈子善来，送来周作人《鲁迅在东京》稿一册，又佚文数篇，其中游云冈记及属名'十三'两文皆非周氏所著也。"

6 月 10 日："陈子善来访，带来张铁荣赠《周作人研究资料》二册。"

在 3 月 26 日之前，我一定还拜访过黄先生，因为他在聊天时谈起藏有知堂《鲁迅在东京》手稿，我即向他借阅。3 月 26 日这天是去归还。知堂这部手稿共三十五篇，最初连载于 1951 年 5 月 9 日至 6 月 12 日上海《亦报》（署名十山）。后编入 1953 年 3 月上海出版公司初版《鲁迅的故家》（署名周遐寿）。据上海出版公司负责人刘哲民先生回忆，1950 年代初，"周作人为上海出版公司写了三本书，预先谈好，出版后都要退还原稿的”(刘哲民:《我和周作人交往点滴》,1996 年 7 月浙江文艺出版社初版《闲话周作人》),但事实上并未办到。这三部书中,《鲁迅小说里的人物》一书手稿由康嗣群和师陀先生平分,而译著《希腊女诗人萨波》手稿也归了师陀先生,后由夏志清先生收藏。那么,黄先生所藏《鲁迅在东京》手稿应也得之于刘哲民先生,记忆中这部手稿线装一册,保存完好,令人惊艳。黄先生后来把这部手稿付拍,现在不知归何人所有了。

张菊香、张铁荣先生合编《周作人研究资料》(上、下)1986 年 11 月由天津人民出版社初版,列为中国社会科学院文学研究所主编的“中国现代文学史研究资料汇编(乙种)”之一。我 1987 年 4 月收到编者赠书,编者送给黄先生的这套应是同时寄我的。

1988 年

3 月 24 日:“傍晚陈子善来,畅谈知堂书编辑近况,又说编梁实秋、台静农集种种。”

这一年 3 月,1949 年以后的《知堂集外文》第二种《四九年以后》已经发稿,同年 8 月岳麓书社初版。所以 3 月 24 日访黄先生时,“畅谈知堂书编辑近况”。而在编辑《知堂集外文》工作暂告一段落之后，我又起意编注《梁实秋文学回忆录》和编选《台静农散文集（1947—1989）》，黄先生听我介绍后，都给予了点拨和鼓励。后来还专门写了《台静农散文》一文推介，认为台静农晚年散文“文字是淡淡的，没有豪言壮语，也没有披着华丽的外衣，可是像一把吸饱了水的毛巾似的，随手披拂都是浓郁的感情的流溢。这是一种很难达到的境界”。

黄裳先生日记摘录到1988年3月告一段落，我的回忆也到此为止。当然，到了1990年代，到了新世纪，我还多次拜访黄先生请益。但从黄先生1980年代的这些日记，或已能清晰地显示他老人家对我的关爱和帮助。我那时的郁达夫研究、周作人研究、台静农研究等学术工作，都不同程度地得到他的肯定和支持，这不但可以他十年以后为拙著《生命的记忆》所写的序为证，也可以1980年代这些三言两语的日记为证。而从这些日记片段中，至少还有两点值得一说：

一、黄裳先生晚年常被友人以“沉默的墙”相拟，访客往往与他“相对枯坐，‘恰如一段呆木头’”（黄裳《跋永玉书一通》）。但以我与黄先生上述交往的亲身经历，或可证明至少在1980年代，只要话题投契，他也会打开话匣子，也会兴致勃勃地聊天，甚至谈到高兴处，也会情不自禁地开怀大笑。

二、透过黄裳先生的这些日记，又可从一个小小的侧面看到像他这样的前辈作家在1980年代的所思所想及所感兴趣者。近年来许多文坛朋友怀念1980年代,有一个重要方面也许被有意无意地忽视了。在我个人记忆里,象黄先生这样的前辈作家在1980年代也经历了一个思想不断解放、创作重焕青春的过程。由于他们的存在,由于他们仍未放下手中的笔,1980年代才显得更加难得,更加丰富多采。因此,回顾1980年代,评价1980年代的文学,如果忽略或低估黄先生等一大批前辈作家的努力和贡献,那是极不完整的,也是难以想象的。

2019年五四百年纪念后第三天于海上梅川书舍

来燕榭

容　洁

父亲的书斋，名“来燕榭”，一间起居、写作兼读书的房间，此间久居着我的母亲，小名“小燕”。

母亲是个有着高挑身材的江南美人。据母亲说，自己十二三岁时已出落成一个漂亮的大姑娘了，看上去有二十来岁。父亲认识母亲时，她才十五岁，父亲是等了多年才娶得母亲归的。母亲是个护士，能说一口不卷舌的国语，爱跳舞，爱逛街买时髦的衣服，爱干净，房间里的家具擦得一尘不染，对自己身上的衣着更是一丝不苟。母亲有空就打开收音机听“严派”说书，手里打着毛衣；或是一边手捧着父亲的《锦帆集》说“写得真好”，一边对我说：“不要学我，听说书，读闲书，我这辈子就这样子了。侬要好好读书，小不努力，老来苦。”她还每天检查我的功课，考试得了 100 分有奖，我可以买一件喜欢的东西；考试得了90分以下，就会受罚，被反锁在房间里罚跪，甚至挨揍，气得不懂上海方言的祖母学着母亲腰杆笔挺走路的样子，说："吧唧吧唧，那么凶小孩子。"

父亲与母亲的共同爱好不多。母亲特别爱看川戏。父母亲新婚到北京度蜜月时，梅兰芳先生为他们订了北京饭店的新楼，当晚在吉祥戏院看川戏《卷帘求画》，母亲特欣赏女演员许倩云的美丽，即刻精神焕发，一扫旅途疲劳。父亲对母亲半如妻子，半如女儿，他们的感情很好。母亲花钱买衣服、做衣服，父亲从不说什么。父亲从四川旅行回家时给母亲从拍卖行里买了一些很好的衣料，母亲欢喜地做了一套新衣服。记得父亲母亲也有吵架吵得凶的时候，十之九是为了父亲买老书。父亲为了买老书，卖掉了徕卡相机，也卖掉手上的名表。母亲说，只要旧书店老头来敲门，一声"黄先生"，家里的钱就不见了，明朝有没有钱买菜也是不要紧的。父亲得到了心爱的老书，将它们摊在大床上，仔细欣赏那黑口、白口，无论母亲如何说，他都不再发出声响了。偶尔，父亲也会说母亲是个"关不掉的无线电"。吵架过后不一会儿，他们就一起欣赏起版本来。母亲爱看那些明代木刻板画，还特喜欢古代艺术品，她有时拿起一本《艺苑掇英》坐下欣赏半日。

儿时的我只知道那饭桌上的故事都是从书里来的啊。祖母做了一桌精致的小菜，父亲喝了几口烫好的黄酒后，讲起了他肚子里的典故，那是我一天中最开心的时候。我那一点点中国文史知识就是儿时在饭桌上得来的。我是睡在父亲的书堆中长大的。我睡的房间是一家人吃饭的地方，也是父亲放书的房间。房间里有三扇门、两扇窗，其中有两扇门被父亲的书橱堵上了。我的衣柜也就是在父亲的书橱中的一格，挪去了书，由我放衣物。人说家徒四壁，我家是四壁皆书，一直堆至天花板。“文革”中，我睡在贴满封条的书橱中，后来封条揭了，书也搬空了，我从同学那里借书，一本书只能在手上停留几个小时，方才怀念起家里有那么多书的日子。

父亲是幸运的。无论是反右时被划为右派，还是“文革”中被戴上“反革命”帽子，那离婚和破镜重圆的事，从来没有在我家上演过。“文革”一开始，家里多次被抄，父亲被隔离审查，我不常见面的外祖父来到了我家，叮嘱年轻胆小的母亲：千万不能离婚，黄裳是个好人哪！我看见语言不通的外祖父的手和祖母的手叠在一起，微微颤抖并摇动着。

今天想起来，外祖父也是个黄迷。住在苏州城的外祖父留着半尺白须，能讲一口伦敦音，认真地编了一本中华四角号码字典，每天热衷于下围棋。当他一谈到父亲的一肚子的文墨和一口漂亮的英文，总是反反复复地说：“好啊”，“才子啊”。讲到父亲的人品，外祖父更是颤动着他的白须，点头道：“侬父亲，好人啊。”我知道一件深深感动外祖父的事是父亲赡养母亲的二老十多年，在戴上右派帽子，被降职降薪后也不曾中断……

“文革”，我们度过了见不到父亲，一家人每天只有几毛钱吃饭的日子；母亲顶过了那一日日下车间劳动和写交代揭发父亲的材料的苦熬。每天晚上睡前，母亲拉过那盏葫芦灯，坐在我的小床边上，和我反复推敲着她的交代揭发材料——不能对父亲落井下石，又要让母亲交代过关；我们还琢磨报社组织的要求，苦苦揣测父亲的近况。

偶尔我也听得父亲的消息，那是他挨批斗的时候。记得有一次，邻居美术出版社的W叔叔告诉我，在新闻出版系统的批斗大会上他见到了被按低了头挨斗的父亲。当父亲被批到卖古书，以假乱真，投机倒把时，父亲抬起了头，对着麦克风，说，“我没有投机倒把”。W叔叔的言辞中流露出敬佩。我听到这事激动了。父亲是好争辩的，但我没想到他在批斗大会上为自己争辩，那是个没地儿讲理的年头啊。我悄悄地将这事告诉了母亲，母亲担心道：“唉，他这个脾气，又要吃苦头了。吃了多少苦头都学不乖。”可我觉得父亲很勇敢。

父亲被隔离审查有一长段日子了，需要家里送两件衬衣去。那年头，我们买吃的都没钱，更没钱添衣服，我穿的是改过的母亲的旧衣服，妹妹穿的是我的旧衣服。这会儿，哪儿找钱给父亲买衬衣呢？母亲犯愁了。母亲跑了几家布店，买到了最便宜的宽门面的白坯粗布，自己踩缝纫机为父亲做了两件衬衣。给父亲送衬衣前，我们决定在衬衣里夹一短信，让关在小房间里的父亲看到家人的字迹。我在纸条的开头写上了“亲爱的爸爸”，母亲担心报社组织拿到了纸条对我这个“可以教育好的子女”不好，考虑再三，为了让父亲安心地知道我们都在等他回家，还是保留了“亲爱的”，也不知父亲收到没有。

父亲的问题终于要结案了。母亲被通知去参加大会。忧心的母亲怕怕地去了奉贤，参加了新闻出版系统的父亲的结案大会。父亲被定为“反革命”。让母亲感到一线舒心的是，午饭时，她看见父亲大口地吃着，并没被那顶“反革命”帽子压扁。

祖母在惊吓、贫困、煎熬和病痛中离开了。父亲从小房间里走出来了。无论如何，我们又见着父亲平安地回来了。当我们等待的父亲出现在大门口，我找了家里最大的两口锅，烧了开水，让父亲洗了个热水澡；桌上添了两个有肉的菜，烫好了做菜用的料酒代黄酒，饭桌上父亲的笑声感染了每一个人。父亲将去围海建房，他说要报名去最艰苦的地儿，母亲要父亲考虑自己的年龄和身体，父亲轻轻说：“没关系。”

父亲被分配到尖刀连。

父亲对劳动在烈日下、盐碱滩上，夜宿在芦苇棚里的日子谈得不多。我们看到的是父亲每月回家一次，他晒得漆黑，用起水来格外小气，洗脸时盆底的一点水仅够湿润那块毛巾。母亲等父亲洗完脸，悄悄地将那块毛巾再搓洗一遍，说：“墨黑。”

…………

那是一个休假日，父亲照例喝了温热的料酒，晚饭的笑语过后我们都休息了。睡梦中听到母亲大声叫喊，我套上衣服跑去父母的房间，慌乱中的母亲想帮我开门，却连门也开不开。我走进房间，见躺在床上的父亲正“啊啊”地讲什么，但没人听得懂，他的手脚却不能活动了。父亲中风了。母亲搓着父亲的手脚，我跑下去弄堂里找母亲的同事和朋友L阿姨帮忙。L阿姨全家出动了，她的两个中学生儿子将父亲背下三楼，她的丈夫准备好了自行车，推父亲进了淮海医院急诊室。父亲得的是脑血栓。父亲在急诊室吊了一瓶有丹参的盐水就出来了——那时急诊看病要填表，其中一栏是政治面貌，而父亲顶着一顶“反革命”帽子。母亲让我去报社医务室为父亲开病假条和药，幸运的我遇见了Y医生，她问了父亲的病状，给了病假和药，并开了转诊单，让父亲去仁济医院看病。进医务室前我的种种担忧都消散了。

在父亲生病康复的日子里，母亲是妻子，又是护士，她一日日点着父亲该服的药，该擦搓的手脚，该做的操，开窗户透气……父亲一日日康复了，他又下地走道了。

…………

一九七六年的十月，我们是在举杯庆贺中度过的。多少张熟悉的脸笑了。

弄堂里扫地的邻居叔叔、伯伯、阿姨持着扫把谈笑着……

照例按时给父亲送工资来的陈钦源伯伯在父亲的书桌旁坐下笑谈……

王辛笛伯伯用他沙哑的声音指着我笑说："这小家伙会比你(指父亲)有出息。"

有家人在上海"四人帮"办案组的儿时好友Z告诉我，父亲的案子是上海"四人帮"案的一部分，父亲的问题就要平反了……

刚刚分配到农场的妹妹在开河之余，晚上打着手电在帐子里复习高考；我下班后晚上去比乐中学补高中课程……

父亲高兴地忙进忙出——

父亲几乎每天去看望巴金老人……

父亲又开始写作了……

父亲为谢蔚明伯伯平反和返回上海的事奔走，找到了当年周公馆的人写材料，正如陈凡伯伯诗曰："有泪哭人不自哀……"

父亲带我去了许源来伯伯的家，黯然得知许伯伯去世了……

…………

几年后，父亲又有新书出版了，还有部分父亲的书归还了；我在大学夜校部上学，后又走上了留学“洋插队”的路。母亲退休了。妹妹大学毕业后留校当老师，并又考上研究生，随后她和儿子伴夫留学。来燕榭里又安静了，此时上了年纪的父亲和母亲相依为伴。他们有很多次相伴出游，富春江，杭州，南京，千岛湖。父亲携着母亲去了山东，受到故乡的殷勤接待，从大明湖、泰山、曲阜，直至青岛。他们访问了父亲从未回去过的故乡——青州。父亲和母亲还出游了广东，到了新建中的特区深圳。这是段快乐的日子。

…………

一九九七年春夏之际，离家十余载的我带着丈夫、儿子第一次回沪探亲，见到头发全白，走路已是慢步移动的父亲，感慨万分；母亲仍然年轻、漂亮，看起来不到五十岁，殊不知，她已是恶病缠身。几个月后，母亲因发热不退住进瑞金医院，最后竟然查出是胃（贲门）癌，且已转移到肺部。母亲在瑞金医院住了近十个月，时而抽出肺中带血的积液，每日西医针药，还有中药，在那天天有人撒手人寰的病房里，消磨着生命的最后时光。回到沪上的妹妹每日数次奔波于家和医院之间，尽了女儿的孝道。父亲每次探望母亲，在一个多人的大病房里，坐在母亲对面，脸对脸，眼对眼，看着——

“还好?”

“还好。”

“吃点吧。”父亲指着从家里带去的食物。

“天热,你不要每天来的。”母亲关照父亲。

…………

母亲每天有近千元的医疗费,那时母亲的单位已经倒闭,大部分费用必须自理。年近八十的父亲没有对我和妹妹提半个钱字,他卖掉了他的老书和收集了半辈子的名人字迹,去换得母亲一日又一日的生命和少一点儿病痛。一直对父亲花太多钱买老书大有意见的母亲,临终前对自己的挚友说:“这辈子对我最好的是老头子(指父亲)。”父亲知道后大哭。

父亲后来对我说起因为卖名人字迹遭人骂,末了,他对着我“唉——”,一脸无奈。我即时竟然找不到词儿安慰父亲。此刻想起“我们不理睬他”这句话,真是名言。

…………

母亲走了。她的骨灰盒一直放在父亲的卧房里。父亲在这儿抬腿操练,在这儿弯腰剪趾甲,在这儿读书,在这儿写作,记不清何时听得父亲说过,“做老实人,不吃亏的”,他办事为人依然遵循着自己的信条。十年了,母亲微笑着看着父亲的一举一动、一招一式。我每次回沪,都要在母亲跟前换上更鲜美的花。这是我做的最让父亲高兴的一件事吧。

纪念黄裳诞辰100周年

——黄裳外孙的回忆

2019年是我的外公黄裳先生诞辰100周年。距离2012年外公过世已经过去将近六年之久,此刻的我,坐在外公曾经写作的书桌前,凭着曾经与外公相处的点点滴滴,做以下回忆。

先从我家养猫说起吧,由于是老房子的缘故,家里决定养猫。外公平常对待家人的态度从某种程度来说还是比较严格的,小到对饭菜的要求,偶尔也会大声斥责,但感觉外公对待猫的态度还是非常温和的,至少比对人温和。即便家猫有时会做出一些不听话的举动,也不记得外公对猫有任何责怪的意思,反倒是任由家猫在他的房间里肆意玩耍,甚至于外公午睡期间,家猫就睡在他的枕边。这也就间接导致了我家的猫在其他房间表现得规规矩矩,一旦跑进外公的房间，就像一匹脱了缰绳的野马，上蹿下跳，任意妄为，而外公对家猫行为的不满仅仅也就是说句“这家伙！”外公的好友陈子善教授经常来我家做客，家猫看见客人并不怕生，也时常成为他们聊天话题的调味剂。我电脑中还存着一张猫坐在客厅的沙发上陪外公看《新闻联播》的照片。今年家猫也将近8岁了，它现在仍然在外公的房间的空调下乘凉，只是不知道它是否还对这间房间曾经的主人留有印象。

外公是当代著名的散文家，对古籍的研究也很深，因此高中时期的我会偶尔将语文试卷中不理解的文言文内容向外公请教。记得是在高三的某天晚上，我拿着一篇文言文阅读问外公其中某个加点字的含义，外公向我做出了解释，然而与题目的标准答案并不符。外公看过标准答案后勃然大怒，当场脱口而出两个字——“放屁”。我心想，如果某套语文模拟卷在未经我外公许可的情况下，节选了他的某篇文章作为阅读理解，还出了类似于“文中画线句体现了作者的什么心境，想表达什么意思”的题目，那出题官给的标准答案一定会让我外公非常生气。

外公是一个比较追求生活品质的人，可能也和他曾经赚的稿费比较多有关系。外出吃饭，不求最好，但求最贵。外公对用餐环境很看重，每次吃好虽然不是他结账，但必定要把账单拿过来看一眼。印象中有次带他去茂名南路的 Garden Hotel 楼顶吃法式料理，环境优雅，窗外风景绝佳，人很少，服务很周到，有专门的人负责为他倒酒，一道道菜上得很有次序。但其实外公并不是特别习惯于这种西餐风格，口味也未必吃得惯，最后他看了结账单却很满意，说“好！”还有一次在一个相对实惠点的饭店，饭菜其实很符合他的口味，也能看出他吃得很香，但可惜，最后的账单他看后勃然大怒。

外公虽然年纪大了，但对新鲜的科技产品却很有兴趣。有段时间数码相机刚流行起来，外公一定要买一台，买来后外公玩了几天，可能感觉上手不是特别容易。当然这款相机也并没有放在角落里积灰，它记录了日后我们一家外出游玩的点点滴滴。外公曾经对钢笔也有一定的追求，但后期在我的推荐下发现三菱牌黑色水笔好用得多，从此在家写稿就很少见他再用钢笔了。

外公烟龄很长，算是个老烟鬼，不过年纪大了，家人为了他的身体健康，也开始控制他的烟量。但戒烟也要讲究科学性，需要循序渐进，而不能说戒就戒。记得以前有段时间，家人每天给他按时定量发三五根香烟，不让多抽，但外公那会儿腿脚还算利索，有时会自己偷偷跑出去买烟抽。

以上是我作为黄裳先生的外孙，凭着对外公的些许回忆，写了一些有关外公的故事。

也感谢黄裳先生的广大读者能够喜爱他的作品。

刘丰德

2018 年 7 月 21 日

登记表一

<table>
<tr><td>姓名</td><td>黄裳</td><td>曾用名</td><td>容鼎昌</td><td>性别</td><td>男</td><td rowspan="5"></td></tr>
<tr><td>年龄</td><td>32</td><td>民族</td><td>汉</td><td>宗教</td><td></td></tr>
<tr><td>籍贯</td><td colspan="2">山东益都</td><td colspan="2">文化程度</td><td>大学</td></tr>
<tr><td>家庭出身</td><td colspan="2">职员</td><td>本人成分</td><td colspan="2">自由职业</td></tr>
<tr><td>参加革命日期</td><td colspan="2">1953年1月　日</td><td>身体健康情况</td><td colspan="2">尚好</td></tr>
<tr><td colspan="2">会何种国内地方或少数民族语言文字</td><td>上海话</td><td colspan="3">会何种外国语言文字</td><td>英文</td></tr>
<tr><td colspan="2">曾参加何种反动党派团体及封建组织</td><td colspan="5"></td></tr>
<tr><td>党派</td><td></td><td colspan="2">入党团日期</td><td colspan="3">年　月　日</td></tr>
<tr><td>到职日期</td><td colspan="3">1953年　3月　10日</td><td colspan="2">从何处来</td><td>文汇报、军委总政文工团</td></tr>
<tr><td>介绍人</td><td></td><td>在何处作何工作</td><td></td><td colspan="2">与本人关系</td><td></td></tr>
<tr><td>结婚否</td><td></td><td>爱人姓名</td><td></td><td colspan="2">政治面目，现在何处工作</td><td></td></tr>
<tr><td>年月日</td><td>部门</td><td>职别</td><td>等级</td><td>薪资数额</td><td colspan="2">备考</td></tr>
<tr><td>1953.3月</td><td>上海剧本创作所</td><td>基本编剧</td><td>6</td><td>570</td><td colspan="2"></td></tr>
<tr><td></td><td></td><td></td><td></td><td></td><td colspan="2"></td></tr>
<tr><td></td><td></td><td></td><td></td><td></td><td colspan="2"></td></tr>
<tr><td>受过何种奖惩</td><td colspan="6"></td></tr>
</table>

1953年　月　日填

简　历

年　月　日	在何处作何工作或学习	证明人，现在何处工作
1934.1	天津南开中学初中一年级	
1938.8	抗战爆发，来到上海	
1939.10	在上海入江苏省立上海中学工科	
1940.9	交通大学电机系一年级	
1942.11	由上海入重庆	黄宗江
1943.3	入重庆交通大学机械系	
1944.1	被征调，作译员	
1945.9	译员解散	
1946.1	由昆明到重庆任文汇报特派员	柯灵
1946.7	由渝飞沪，上海文汇报记者	
1946.8	文汇报驻南京特派员	柯灵
1946.10	上海文汇报编辑	
1947.5	文汇报被封，入中兴轮船公司作文书，直至1952.7	
1949.5	文汇报复刊，仍入文汇报（兼职）	
1952.7	借调至军委总政治部文工团越剧队任编剧	黄宗江
1953.3	上海剧本创作所	
备考		

续页号数：

有何主要创作：
《西厢记》与《白蛇传》
谈水浒戏及其他
关于美国兵
旧戏新谈
一个平凡故事（译）

登记表二

<table>
<tr><td rowspan="4">姓名</td><td>现 名</td><td>黄 裳</td><td>性 别</td><td>男</td></tr>
<tr><td>原 名</td><td>容鼎昌</td><td>民 族</td><td>汉</td></tr>
<tr><td rowspan="2">曾用名</td><td rowspan="2"></td><td>出生年月</td><td>1919. 6. 15</td></tr>
<tr><td>文化程度</td><td></td></tr>
<tr><td colspan="2">籍 贯</td><td>山东益都</td><td>党 派</td><td>无</td></tr>
<tr><td colspan="2">现在工作单位</td><td>文汇报</td><td>通讯处</td><td>上海陕西南路 153 号 3 室</td></tr>
</table>

本人从事新闻工作经历（包括学历、职务及著述）：

1945 年任上海文汇报驻重庆特派记者，1946 年调驻南京特派员，当年调上海，任文汇报文化教育版编辑，副刊《浮世绘》编辑。

解放后任文汇报主笔、编辑等职。

上海交通大学电机系，重庆交通大学机械系肄业。

著作：《旧戏新谈》《关于美国兵》《锦帆集》《锦帆集外》等（解放前出版）

《新北京》《谈水浒戏及其他》《西厢记与白蛇传》《远山堂明曲品剧品校录》《林冲》（电影剧本）等（解放后出版）

编译：《一个平凡的故事》《猎人日记》《哥略里奥夫家族》《莫洛博士岛》等。

（如本栏地位不够，可在背后填写）

目录

信　札

佚文

漫谈旧剧之批评

在中国，批评家们像有着成例，“逢洋必好”，或“古色古香”为上，旧剧之为人诟病也久矣。有一派是看不起“中国旧剧而为他们所看不起的大众们所喜欢的东西”，于是用了从英国或法国所学来的戏剧学原理，批评旧剧，而嫌她不能在舞台上搭起门窗来，因为他们脑筋中为苏联的大剧院所震动，而不能在国剧中感到布景的满足因而如其说的。再有一派思想前进的人们，责备着国剧的不时代化，其实他们太不认识艺术了，最近苏联上演莎士比亚的《罗米欧与朱丽叶》被视为革命戏院的代表作，一出古老的罗曼斯剧本，一定使他们诧异不置了。还有一派是蔑视旧剧而推崇昆剧的，因为昆剧的词曲雅驯，为士大夫阶级所喜悦，而旧剧词多俚俗，不足登大雅之堂，这种人的盲目大言更幼稚得厉害，胡适之先生常发挥着他的文学进化论，大意是说唐诗在绝句时期，旗亭画壁，成为民间歌唱的普通材料，所以最盛。后来渐为文士大夫们所把持，死去了，于是长短句的词代之即兴，北宋柳耆卿“杨柳岸晓风残月”，多为倡优所喜咏唱。因而词大为兴盛，后来渐渐变成模仿填词时代，词是死去了，元曲又代之而兴，渐渐变成南曲的稠浓繁缛，又成了厅堂之歌了，剩下了的昆曲，也成了将死的哀鸣了。如此说来，我们还要为旧剧庆幸，因为她虽然是经过了鼎盛时期，虽然有文士如陈墨香、齐如山等编排的富丽堂皇的新剧，然而始终为大众所保持，保住了它的民间作品的高尚地位，这不能说不是一种奇迹。郑振铎先生喜欢搜集旧书，对“元曲”“杂剧”“诸宫调”俱有深邃的研究，而独不欲整理旧剧，我想大概还是材料太难搜集罢。前几年故去的刘半农先生倒是很喜欢旧剧，曾有两部关于史料的文字发刻。梅浣华游美时，刘先生及其弟刘天华氏（音乐家，已殁）曾为梅氏编了部很大的书并且译了不少旧剧的腔调，浣华在美的成功，恐怕大半是得力于此。以上所谈，大概是一班主观太深的人的批评，不可救药，不值一谈，如古愚先生驳徐讦一文，是以代表这类盲目的谈剧者。

还有一大派人，是因为直觉的印象不好，而始终厌恶旧剧的，这都要怪旧剧的环境太劣，而非其本身之过，这可以拿知堂老人来作代表，如在《北平的好坏》一文中所云：“乙巳（一九〇五）的冬天与二十三个同学到北京练兵处来应留学考试，在西河沿住过一个月，曾经看了几次戏，租看的红纸戏目，木棍一样窄的板凳……都还约略有点记得。”……日记：“十二月初九日，下午偕……至中和园观剧，见小叫天演时，已昏黑矣。初十日下午……广德楼观剧，朱素云演《黄鹤楼》，朱颇通文墨云。”看上面所说，活显出一个南方人初至北京，语言不通，而看了窄板凳、昏黑的舞台等而发出的感想，这些事情在最近似已改善，如天津的中国戏院，即颇能得近代舞台的好处。观众这些厌恶大概不会有了罢。周作人先生还提出几个具体意见是：“（一）中国超阶级的升官发财多妻的腐败思想随处皆是，而在小说戏文里最为浓厚显著；（二）虚伪的仪式，装腔作势，我都不喜欢，觉得肉麻，戏台上的动作无论怎么有人赞美，我总看了不愉快；（三）唱戏的音调，特别是非戏子的在街上在房中的清唱，不知怎的我总觉得与八股、鸦片等有什么关系，有一种麻痹性，胃里不受用。”综上三说，第一条，我答作：因为旧剧是人生的描写，生在那样一个社会，绝不会有什么乌托邦可以创造出来。反过来说反能在许多地方留下很有价值的描写，足供社会学家、语言学家参考用的，况且在偌大的一个旧剧创作之中，芜滥之作，绝不能没有，这一点不能推翻全部旧剧的价值。第二点，我觉得全是作者的直觉作用，探亲演礼的穷形尽相无非是寻笑料，如果不用规矩的理想看去，即心中若有正气然，至多也不过说是过火，不至于使人难过。至于其他在范围内的表现，如叱之为装腔作势，我看还是不唱也罢。第三点，更是主观太甚，没有充分的立脚点。

记得前十年《文学周报》上出了个“梅兰芳号”，对梅氏肆加谩骂，大概总是在他个人历史上着眼，这也未免太过于卑鄙，梅氏个人人格如何，我不愿评论。何况是那样一个时代，我始终是抱着只看艺术的意见，因为伶人私事，非公开讨论所当为，有人称赞程砚秋的对罗瘿公如何如何，也好像颇为多事。总而言之，旧剧受了环境的影响不少，许多无味的闲气，都是由这里生出的。

接着还要谈谈另一点：徐志摩氏是个新诗人，他的一生可以说是为努力追求“美”、美的理想、美的人物而生活着的。他对于旧剧非常喜欢，尤其是爱听杨小楼的《连环套》等剧，这可以说是受过西洋洗礼的有审美观念人的能欣赏旧剧的一个反证。新文学家不都是徐讦之流的，浣华赴美赴俄均约张彭春氏为助，为其演说剧情，张氏为南开大学教授，在美国讲学，对戏剧学有深湛研究，新剧《雷雨》作者曹禺（即万家宝）即得张氏之提携爱护而为剧作家者。张氏对京剧之爱好与研究，颇为不佞所熟知，余常闻其劝人听浣华之戏云。自然非生意经，因渠参加意见甚多，有使人批评之意。

丰子恺先生也谈过梅兰芳，多讽刺语，大概也是受了环境影响所致，但是他谈过青衣的唱腔（实包括花旦言）：“我觉得平剧中的青衣的唱腔，富有女人气，不必理解唱词，但一听腔调，脑际就会浮出一个女子的姿态来。这是西洋音乐上所没有的情形。青衣的唱腔可谓‘女相十足’，我每次听到，觉得用日本语中的 Onnarashii 一语来形容它，最为适切，在事实上，从古以来，女子绝没有用唱代话，而且唱得这样委婉曲折的。然女子的寻常语调中，确有这么委婉曲折的音乐的动机潜伏着。换言之，青衣唱腔的音乐，是以自来女子的寻常语调为原素，扩张、放大、变本加厉而作成的。”

读者的批评，见仁见智，本难强同。但是入理之言总堪一听。无的乱语，确不可为训。至于摭拾滥语，强作解人者，更不值一读矣。

《十日戏剧》1938 年 4 月 30 日第 1 卷第 25 期，署名容鼎昌

听春雨

一向住在北方，对江南的风物，只能在诗词上见到，欣羡无似。陆放翁有两句诗云："小楼一夜听春雨，深巷明朝卖杏花。"一向使我非常神往，不独是那迷惘的彻夜的雨声，更是那卖花声，想来一定出自女儿之口，于是就格外的萦人怀想了。曾记得有一幅子恺漫画，在一条长长的永巷里，石头子铺成的道，两侧都是上海的那种老式洋房，一个卖花女，轻曼的腰肢，穿了布花鞋，斜斜的身子，腕上挂了一篮鲜花。我们所看见的只是背影，一条辫子，头欹侧着，大概是在曼声地喊着花名的罢了。

朱佩弦先生在《子恺画集·跋》中也诉说着同样的感觉。他说："但《挑荠菜》《春雨》《断线鹞》《卖花女》《春昼》便自不同；这些是莫之为而为，无所为而为的一种静境，诗词中所有的。第一集中只有《群拂行人首》一幅，可以相比。我说这些简直是纯粹的诗。就中《断线鹞》一幅里倚楼的那个女子，和那卖花女最惹人梦思。我指前者给平伯君说，这是南方的女人。别一个朋友也指着后者告我，北方是看不见这种卖花的女郎的。”

朱先生写此文是在红尘十丈的北京城中，所以怀想着南方的卖花的少女。现在我住在南方，算算也有了五个年头了。可惜兵马在郊，连生活都不易维持，更有什么闲情逸致来赏鉴这江南的春色？再加上蜗居湫隘，更听不到宛妙的卖花声。差可欣赏的，还是这淅沥不断的雨声罢？它是那么静静地、绵密地下着，毫无北方疾风骤雨的匆遽的神气。而小庭中移植的一棵杜鹃，居然也有两个花心吐出来。真是，这星星的生意，不知给我带来多少慰安；还有偶然种下的几棵丝瓜，也都出了蔓，沿了一棵竹竿爬上来。母亲说，几时搭个小架，让它爬满了才好呢，这愿望似乎是迢迢得很。不过在我的脑里，也因而浮出了“姑妄言之姑听之，豆棚瓜架雨如丝”的诗句。这是非常好的一个境界，如果真能有这么个晚上，泡了茶，和朋友们大谈一气，也该是人生快事罢？

号称金筌浣花一派的大词人韦庄，有两句词：“春水碧于天，画船听雨眠。”不用说，这种境界，是为南方所独有的。就是单单这两句话，也似乎非出诸吴侬之口不可的，写到这里，我似乎是要在雨声中入梦了。

《中华日报》副刊1942年7月14日第11期，署名何戡

忆景山（上）

北平的地方，我在小时候曾住过六七年光景，后来即流寓各地。然而遇有机会，仍不时去北平玩一下。在“七七”以前还去过一次，去玩了故宫。记得是从神武门入内，在故宫博物院印刷品出售的地方买了几本书，其中有一册是影印故宫藏宋本《淮海长短句》。那时比较有价值的物品，都差不多已经搬完了，所以没有什么好看，只不过是一所破旧的一明两暗的房子，千篇一律，毫无变化。心想住在这种房子里边，真也没有什么味道，绝不会如经亨颐所说，看了故宫，就会想去做皇帝的。

比较有趣味的，倒是前几天去景山玩的那一次。景山在元朝是御苑，据《析津志》所云，元代的皇帝是曾经在这里“执耒耜以耕”过的。足征那地方相当大，不会像现在这样狭狭的一条。到了明朝，因为凿护城河，把河底的泥土都堆在一起，于是就成了山，俗称煤山，以为其中有煤，盖未可信也。

一进门处就是那一株犯了“罪”的树，前边有一块碑，文云“明思宗殉国处”，盖是故宫博物院所立。树上还挂着一条铁索，表明它是有“罪”的。再走进去就可以看见五个亭子。名字叫作“观妙”“辑芳”“周赏”“富览”，最中的叫“万春”。我去看的时候，这些亭子差不多都已经只剩了空架子，而有摇摇欲坠之势了。那原因不外是丘八爷们的毁坏。民国以来，景山就常作驻兵的处所，复辟一役，甚至于在山顶架炮，与段祺瑞军之驻崇文门者互相射击。实在是非常好的地形，居高临下，结果皇城里的老百姓，就尝着炮弹来往在头上飞舞的滋味了。

照例这还不算完，军队里的官佐还要盗卖一下木材，于是各亭就不免效雷峰塔的摇摇欲倒了。虽然经过故宫博物院的修葺，终难复旧观耳。

记得那一天登临，正是春末夏初的时候，而天气则阴阴欲雨，于是就更显出了“绿肥红瘦”的景色来。登景山巅，向故宫一望，一片黄琉璃瓦，的确十分庄严，即不论那些宫殿的内部如何，表面上看去，是相当富丽的。

《中华日报》副刊 1942 年 8 月 4 日第 22 期，署名何戡

忆景山（下）

护城河只是浅浅的一环，四角的四个角楼，下临宫阙，非常整齐。回过头来一看，右面是一片民房，一层层的瓦屋，家家多种杨槐，绿色甚浓，当时颇觉出“雨中春树万人家”这一句诗的妙处。

左侧则是北海。那真是一碗浅浅的水，被四围的假山浓绿围起来，气势实在小得很。上面有桥，好像罩了一条带子。烟雨溟濛，如笼了一层薄雾。听说北海的建造，是有意以杭州的西子湖做模型的。鄙人不曾到过杭州，不过在一些画片上看过，那情形差不多即是这样，尤其是那五龙亭，更是有意在模仿着三潭印月。如此看来，皇帝倒的确有些风雅咧。

也就因为这地方是居高临下，凤城中的景物都可一览无余，所以帝制时代，是不许普通人登临的。现在总算已经去了这一层障碍，使我们普通民众，也都有攀登的福气。不过这也不见得全是享受，往往会发生些无名的惆怅。你可以指点着什么地方是明末李闯破京的地方，也许崇祯帝也是立在你的位置，看见大势已去，才走下去缢死的。再推上去，明末宫闱里的三重疑案——梃击、红丸、移宫，也都是发生在脚下的小小的黄房子里。什么地方是八国联军入城的地方，打着异样的旗号，驻在这美丽的古城中。

联军进京，两宫出走，慈禧是顺了怎样的路线，走到珍妃被囚的地方，使太监把她推下井去的。这一切宫闱惨剧，都会在你的脑海中搬演的。

北平也真是一个浸透了历史浓汁的地方，我记得一个冬天夜间，大约已经二十点了。我从旧刑部街的哈尔飞听戏归来，乘洋车走过红色宫墙的外面。那冬夜之空是异常的高而深蓝，星子闪烁着如鬼眯眼，四周静无人声，只有车夫寂寞而整饬的脚步响。这时真会想起会有什么幽灵在宫墙之内呜咽着的罢。

因回忆景山而连带想起这些记忆，其实是无怪的。在我的印象中，北平是那样古老而寂寞的城市，多少过去的人物、事件都发生在那儿，于是发生了这种感觉，盖并非无因也。

《中华日报》副刊 1942 年 8 月 5 日第 23 期，署名何戡

墨与文人

以前的文人，是有所谓“文房四宝”的，那就是“笔墨纸砚”。现在这四样东西，大抵完全为钢笔墨水洋纸所打倒了。不过中国人究竟是中国人，虽然平常用的大概是钢笔，抽斗里却也要预备两只毛笔，以示他也要来两笔法书。不过所用的墨则大抵是墨汁，不但写出的字，过后会发出灰色来，而且当时也就会把笔锋胶牢，运转不能如意，实在是件很遗憾的事。

知堂老人在《关于纸》一文里曾感慨地说道：“中国的米棉茶丝磁，现在都是逆输入了，墨用洋烟，纸也是洋宣洋连史，市上就只还没有洋毛笔而已。”这就使我惆怅，不用说，墨汁也自然是洋烟所制。中国的墨法是从什么时候才不行了的呢？据《买墨小记》引凌宴池《清墨说略》云：“墨至光绪二十年或曰十五年，可谓遭亘古未有之浩劫，盖其时矿质之洋烟输入……墨法遂不可复问。”所以只要记牢光绪十五年，这以前的墨都不妨拿来用了。前些日子曾到曹素功去买一锭旧墨，伙计在小盒子里取出不少来，我选中了一块半两墨，正面曰“艺粟斋书画墨”“道光六年仲冬，曹氏珍藏”。背面曰“端友手制”。磨了很是细黑，在白纸上发出凝重的光彩来。磨时颇有一种香味，与普通坏墨的恶臭不同，觉得很是喜欢。这墨已经有一百年的历史了，虽然要十七元新法币，我觉得还是值得一买的，昔人云“非人磨墨墨磨人”，虽然是半两墨，可是也可以磨好些时光，其实并不是太冤的事也。

我颇想找几本谈墨的书来看看，可惜这太少。明程君房曾刻《墨苑》，五色套印，为版画杰作。不过这是珍本，只有学者才配看的。其他只能在记古董的书里得知一二，徐康著《前尘梦影录》，其中就有不少记载。然而仍非有系统的论述。近来买得几本《大公报》文艺副刊的合订本，看见《清墨说略》的原文。这是一篇不错的文章，是个有相当实地研究的人的记录。他有一段论明清墨的比较云：“有明一代作手，如林、潘、程、方、吴、邵、汪诸氏，均以墨世其家，文人尤喜自制，就其外表论之，大都较清墨为古雅，形状、款识、花纹绝少俗韵。清墨名称如‘青麟髓’‘千秋光’‘寥天一’‘古隃麋’‘漱金’‘非烟’等，皆沿用前代旧称。动辄以仿古相尚。不若明人之富创造力。清墨款识，一面墨名，一面字画，两边署年号、人名或店名，几乎千篇一律，不若明墨之多变化，以字画论，明墨字体或颜或欧或如唐人写经，甚至寥寥数笔，亦极奇肆生动。清墨多作馆阁体，工整有余，风韵不足。明代墨、画之佳者，或如武梁石刻，或如北派山水，程、方所制，尤为雄奇。清墨力刻固精，病在纤弱，虽汪近圣亦不免匠气，不若明墨之有士气，题画诗清墨最多，御制尤甚。其诗在通与不通之间。明题有大不通者，而佳者甚多。”所论俱极精当。末了说御制诗的不通，实在大有道理。我平素非常讨厌乾隆，因为他最喜欢摆出他皇帝的臭架子来。在古代名画上乱题不通的诗句，实可痛恨。至于他制墨题诗或在风景很好的地方大立诗碑，倒还不大罪过，不过使路过或偶然看到的人，不免作呕而已。明朝的墨我一块也没有看过，清墨呢，现在各大笔墨庄如胡开文、曹素功，还都有在那里，可以参观，金碧辉煌，颇为壮观。不过多半是旧模新灌，虽然上边写着道光、咸丰，其实全是近年所制，如果当作旧墨来买，就不免上当了。

文人与墨的因缘不只是买来用用而已。宋苏东坡云：“吾有佳墨七十丸，而犹求取不已。”还曾经有那一位，磨了墨微微啜之，觉得其味弥永。这都可作为爱墨的佳话。比较普通的则是自己制墨。周作人先生在《买墨小记》中记有“曲园先生著书之墨”，是德清俞樾的自制品。只有圆顶碑式松烟墨，刻文为“绩溪胡甘伯会稽赵扮叔校经之墨”。又一块为“会稽扁舟子著书之墨”。周氏并附记云：“墨缘堂墨有好几块，所以磨了来用。别的虽然较新，却舍不得磨。只是放着看看而已。从前有人说买不起古董，得货布及龟鹤齐寿钱，制作精好，可以当作小铜器看。我也曾这样做，又搜集过三五古砖，算是小石刻。这些墨原非佳品，总也可以当墨玩了，何况多是先哲乡贤的手泽，岂非很好的小古董乎?”

可惜这种墨平素不大遇见。前回在胡开文里边看墨，多是什么虎威将军……的制品，实在可怕。就是一块袁项城著书之墨，也不免官气太重，曾国藩的也是如此。我前回所买的墨，有“端友手制”四字，这位端友先生一定是书人兼画家了，可惜不详其家世。先君在清末出国时曾在上海买墨一小块，刻百寿字，藏于黄绫小匣内，我幼时甚珍视之。不知何时为弟弟拿去磨了用了，现在想起，真不禁觉得可惜而又重可悲矣。

《中华日报》副刊1942年8月5日第23期，署名何戡

迎黄宗江

我七月廿五日自渝飞沪，翌日宗江也自京来沪。我去看他，自然要有许多话说，也自然没有什么可说。只觉得巧得很。三年前我们一齐入蜀，四十个月以后回来又只相去一日。一日之差，我成了“地主”，谊当接风，而宗江饭局相继，贵忙如昔。现在又轮到我写一点东西报告他的“起居经”，任务殊不胜其艰巨，倒是入蜀以来的种种，知道较详，辄写小文，以志欢迎。

三年前的宗江，在上海的话剧舞台上是“风云人物”，这一些大抵上海的读者比我要详细得多。他演了一半“晚宴”突然要到内地去了。我极荣幸地和他一起同行。我们走的是北路，又都各只有一张上海的市民证，走到徐州，曾差一点为当地的日本顾问挽留下来为“皇军”效劳宣抚，后来总算通过了难关，到了内地。

一路上我们虽然没有充分的旅费，然而每到一处还是不脱海上生活的习惯，界首饱吃黄河鲤，洛阳大吃中州菜。吊古于范增墓前（宗江曾演楚霸王中之范增），品茗于薛涛井畔，总而言之，他还是不脱年来的生活作风。到重庆后入中国艺术剧社，当时“中术”中有金山、张瑞芳、黄宛苏、蓝马等，宗江一去，被客气地给予“台柱”的位子。虽然也颇有不舒服处，如在《杏花春雨江南》中演前进的小生，我即发现他颇苦。后来演《家》中的觉新，《戏剧春秋》中之“曾经伺候过谭供奉的卡尔登老茶房”，我觉得应该是他的神来之笔，唯一值得纪念的一个铸型。

重庆的剧人生活，不堪回首。鸽笼似的宿舍，臭虫成阵，老鼠画行，营养不良，工作繁重。然而我每次去看他，还不失其“苦中作乐”的趣味。而且也还不少“韵事”，曾有两三人之多。更曾经为她“决斗”过一次，曾吐血一口于白色的绸围巾上。后来又曾开码头到内江、嘉定，青衣河畔，大渡河边。这时我已经在桂林前线了，接到他的信，颇安慰于他的没有被生活所压倒。

等我到了印度，知道他要加入留美海军了。在我是一个惊愕。以前我写信给他，说过“海阔从鱼跃，天空任鸟飞”的话，曾为他讥刺了一顿，不料他居然也有此豪兴。过印时无缘相晤，离孟买时寄我长信一封，嘱转寄国内，收信人一长串，包括了他的前后期女友约四位。

此后即鱼沉雁杳，一直到前天的重逢，“十年一别无颜色”，我们相别不过年余，宗江黑了，人变得冷了点，带了珍珠港检查的初期肺病回来。他说这也许是“塞翁失马”，他预备退伍，以后呢？不知道。他说要好好地休养一下，念书，肚子里的几个戏也当待孕育。他颇怀念北平西郊未名湖畔的静。

他有一本散文，《卖艺人家》，曾经发表过两三章，单行本迄今未出。他想赶着出书，不然，也许太迟了。预备将他的令妹的几封信收入，编一本合集。

我的私见，觉得宗江的才华，演戏不及写戏多多。虽然他还没有什么大戏问世，我有幸得聆他描绘过几篇腹稿，以为不太平凡，虽然仍有待于孕育。两年来的水兵生活，给他添加了冷静，这将是一件好事。

“哀乐中年”，我不愿以此语相拟；他也说过，“过去七次恋爱，六个都已经结婚了。只剩下一个，而这个又……”

宗江还告诉我一个故事。这次吕恩在京曾从一位老先生学曲，一曲既阑，尚不知对方何许人也，只觉得他落魄不堪。委琐可怜。后来才知道这即是红豆馆主也。

宗江又大发其议论，以为红豆馆主才可以称“艺术家”。为他的落魄成为教曲技师，而终于令学生不知其为何许人而感叹。此曰真可以念“岐王宅里寻常见”的一绝了。宗江也每喜以李龟年自况，不过我看他此次归来总还没有那么落寞耳。

《文汇报》1946年8月2日，第7版

三审周逆作人

首都高院的房子，借在朝天宫的府学内。这地方是洪杨乱后重建的江宁府学，里边还有一块“曾国藩撰曾国荃书”的碑。地方不小，依冶城山而筑，即王渔洋诗“官柳烟含六代愁，丝丝畏见冶城秋”所说的地方。白石路上，芜草丛生，大成殿里，燕子成群，第一法庭就在这里。今天早晨记者八时许即赶到这里，天上下着细雨，秋意极浓。虽然订的是九时开审，可是到时候都还毫无音讯，问问法警，他说：“照例，票上写的时间不作准的。”只得立在乾门下面等，直到九时半才看见从大门里法警押了周逆作人来了。穿了深蓝布、黑布鞋，已经是秋装了。

等到十时三刻，在大成殿里，审了两庭民事案件之后，才由法警带周逆上庭。听的人不太多，非常冷落而寂寞。倒是有不少来瞻仰“知堂老人”风度的中大×校的学生。法官用了江苏官话，周逆用了浙江官话，一问一答，开始了审讯。

照例问了姓名、年龄、籍贯、住址，又重读了他在伪府中的一篇履历，周答“不错不错”。其次即提出了这次调查的证据，其中有于周有利也有不利的。

瑜可掩瑕乎？蒋梦麟袁同礼胡适来函
俱属有利周逆作人证据

第一件，是现任教育部平津特派员沈兼士的来函，沈函中说：“在北平从事地下工作，后来被迫离开，家属被捕，其时周任伪华北教育督办，是否营救了他的家属不得而知。”法官说这封信于他是无利无不利的。问他有何意见。周答：“我在当时掩护沈氏，这一点他没有提，既然他不愿提就算了。”律师又拉出沈兼士领衔的十四位教授的一封信，于周有利，请注意。

第二件，是行政院秘书长蒋梦麟的证明函件，证明在前北大校长任内确曾派马裕藻、孟森、冯祖荀与周作人照管北大校产，下面是亲笔签名盖章证明。这一件对周是有利的。

第三件，是朱部长家骅去年在北平对全体教职员谈话。说北平的学生并未奴化的一点，问周有无意见，周答无意见。

第四件，是法院向国立西北大学调查英千里、刘书琴、杨永芳，三人都已离开，后来杨永芳自北平来信证明周确曾营救过他，呈来了证明书，这是对周有利的。

第五件则是对周不利的了，又是西北大学的教授蔡、杨两位，来信说阮永法是周的女婿，阮本人曾经下水，后来投机取巧离平到西北来，他的证明不可算数的。关于这点，周说右两点意见：（一）无西北大学证明，蔡、杨之身份未可凭信；（二）阮永法之做地下工作可向教部调查，至于他的女婿的证明有用与否则请庭上决断。

法官又提出了教部朱部长的回文，说朱部长的训话系勉励忠贞之士而非为汉奸说法。这点于周不利。周的答辩是说：“（一）朱部长的话是对事而非对人，我着重他所说华北青年没有奴化的这个事实；（二）当时的谈话系对全体教职员发表的，这批人说是汉奸亦可说为忠贞之士亦可，事实上如果他们不参加伪组织，即无从尽力于维持不奴化的教育，八年中不出来做事的忠贞之士，事实上也未能尽力的。”

法官又取出北平图书馆馆长袁同礼的公函来，说周在任伪北平图书馆馆长一年中，书籍完整无失。关于这点，周也没有意见。

底下来了北大校长胡适的证明文件。法官先问周与胡是否好朋友。周答自民国六年周在北大做教授，即已相识，是老朋友。胡适的证明函说：周作人于“七七”后被派保管北大，复员后点查结果，本校的校产，非但没有损失，反而增加，并详列增加的产业计：

A. 翠花街伪理学院校舍一

B. 松公府伪文学院新楼一

C. 海运仓伪农学院栈房二座

D. 西什库医学院全部

周作人和鲁迅合著过什么小说？
法官对此颇有兴趣

这证明于周大为有利，于是法官问曰："你与胡适是老朋友乎？"答："是旧同事。"法官又问："你是否与一个叫鲁迅的是兄弟？"答："是。"问："胡适有一篇文章，吹嘘你们兄弟两人的小说可以代表中国文化，有这事吗？"

周不禁大尴尬，答曰："不知道，鲁迅写过小说；本人是只写论文不写小说的。"

法官似乎对于"小说"仍有浓厚的兴趣，又问："你弟兄二人合著了什么小说？"

周答："译的倒有，那是在民国以前了。有两本《域外小说集》。民国后也有好几种。"法官弄不懂"域外"，周又频频解释："是外国，疆域的域，土字边一个或字。"

"小说"问题既毕，法官说还要去调查英千里，问周的意见。周答："关于学校与教育上的保存种种，都是应做之事，我并不认为十分重要，调查又要延期，被告并不赞成，不希望延长时间。"这大概是听说外面有说他搜集证据以图延长时间的话而说的。

底下即是宣读记录，签字，还押。审讯草率得可怜，而大家对文化汉奸的兴趣与常识不能相符的一点尤其可慨，周下庭时，一大群人跟了走，大概很有一些人是对这位"知堂老人"有兴趣的，一直到了监房，还有两位新闻记者云问他

到底与鲁迅合作了册什么小说。（十九日）

《文汇报》1946 年 9 月 2 日，第 5 版

为人民工作

上海解放了。从反动卖国的国民党的统治之下解放了。作为一个文艺工作者，除了一般被解放了的人民所感到的欢欣之外，是还另有其愉悦之情的。

从此，我们可以自由地抒写人民的生活与情感，报道人民的意见，尽记录与传布之责，把这些呈献于人民面前。不用再害怕特务刽子手的阴影，不用再顾忌一切旧的枷锁，在为人民的工作中取得自己工作的快乐。真的，有多少工作在那里等候我们去做呀！

而这一切，这种工作的自由，全得衷诚地感谢人民解放军的英勇，和中国共产党的伟大、正确的领导。谨致敬礼！

《文汇报》1949年6月25日，第6版

访问沂蒙山区（一）

这里撒下了革命的火种

祖国的伟大而丰富的历史中间，有着无数由劳动人民的优秀儿女创造出来的光辉的业绩。每一个人都有权利为自己感到幸福与骄傲。不只因为你自己生长在这个伟大的时代中间，是这一切光辉的创造的享有者与继承者；同时也因为你将从这中间，发现自己的典范，找到自己的道路，让自己得到更大的鼓舞、无比的力量，使你更热爱祖国，激起你建设和保卫伟大的祖国的决心；使你更热爱领导中国人民获得伟大的胜利的中国共产党和伟大的人民领袖毛主席；使你更勇敢地永远跟着党和毛主席前进！

帝国主义与国内反动势力被打垮了，中国人民革命战争获得了伟大的胜利。这个史无前例的光辉的胜利是怎样获得的呢？中国共产党是在怎样的地方组织了革命的军队，训练了革命的人才，建筑了革命的前进基地，为全国胜利准备了基本力量的呢？

在这些中国人民革命发源地、老根据地里，人民是怎样英勇地向帝国主义与反动派斗争的，他们运用了劳动人民无比的智慧，怎样在艰苦的条件下创造了多少斗争形式而且坚持了这些斗争，一直到全国解放。

他们为这个神圣的解放战争付出了多大的代价！他们把自己的亲人，儿女、丈夫，交给了人民；他们献出了自己的财富、粮食，来支援这个战争；在国内外敌人疯狂进攻中国，他们遭受到怎样无比的惨毒的烧杀与摧残。

通过这一切，在他们中间涌现出多少优秀的英雄人物，锻炼出多少革命的人才，创造了多少可歌可泣的英雄事迹！

在全国大陆已经解放了的今天，全国人民积极地进行着生产建设的今天，全国人民特别关怀着老根据地的人民，他们为战争破坏了的家园的恢复情况；关怀着革命烈士家属、革命军人家属、革命残废军人及其他老根据地父老兄弟姊妹们的生活。

全国人民更关心着在抗美援朝运动轰轰烈烈地展开以后，老根据地人民怎样发扬了他们光辉的革命传统，起了怎样积极的作用！

老根据地的人民时刻怀念着自己的领袖毛主席。中央人民政府和毛主席也关心他们。现在毛主席派了老根据地的访问团，分赴南方北方一些对革命最有贡献的老区进行了访问。

一个半月不是一个足够的时间，记者随中央人民政府北方老根据地访问团的山东分团和皖北苏北分团在这短短的时期内到达了鲁中南的沂蒙山区，这个从一九三八年开始建立起来的老根据地。在这里，我们看到了人民是怎样勤劳地重建着自己的家园。一望无际的“青纱帐”，高粱长得那么肥壮；饱满的垂拂着的金黄色的谷子，像一片绿色的海似的豆苗，在广阔的土地上织成了最美丽的图案。我们亲眼看见了劳动人民亲手创造出来的丰收。

在一片瓦砾的废墟上面，新的房屋建造起来了。人们忘我地重建着自己的家园、河堤、水坝、沟渠……他们是怎样牢固地把握着经过艰苦斗争获得的胜利果实。

在这里，我们会见了英勇而顽强的农民。他们的深厚博大而热烈的感情深深地感动了我们。在城市乡镇里我们开了多少次烈军属和荣誉军人的代表会，在这些会上我们听见了多少坚决而勇敢的声音。

有一次，一位荣誉军人架着双拐走上台去讲话，木拐与台板接触发出来的沉重的声音振奋起每一个人的精神，他说明自己现在过着满足的生活，这都是由于毛主席的英明的领导。今后更要好好工作好来报答毛主席。他接连地说了好几次“很感动！”他的话被激动的情感窒塞住了。突然，像决了堤的洪水似的，他说，“八年，四年，艰苦的斗争，才获得了胜利，有了太平而快乐的日子。可是美帝，它又要使我们的伤口复发！”他又说不下去了。他的眼睛里充满了愤怒的光芒。他最后喊出了抗美援朝的口号。

这是今天老根据地人民的真实的感情，也就是一切工作都在抗美援朝运动的开展中间获得了巨大的成就的基本因素。

“毛主席派人来看咱了！”这是我们到了每一个地方都听到的话语，农民们带着极度兴奋的情感奔走相告的话语。

“请你替咱给毛主席捎个好去！请他放心，咱的生活过得挺好。咱正在搞增产捐献，都订好了计划。咱永远听毛主席的话，永远跟着他走！”这是沂水北关军属张曰贵说的，这也普遍地代表了老根据地的人民所要说的。

他们乐于向人们提起过去斗争的历史。因为这是中国人民的光荣，中国人民的骄傲。可是他们并没有仅只沉醉于过去。他们更乐于提出今后的工作计划。他们怎样订了爱国公约，怎样做了爱国丰产的计划，怎样增产来捐献飞机大炮，他们拿出在志愿军中的子弟在朝鲜立功的喜报来给你看。他们讲述着怎样鼓励自己小儿女走上国防前线的经过，他们有着更多新的值得夸耀的事情。

高贵的革命人民的性格、品质，是永远在发展着的。人民英雄所生长的大地也每天都有着不同的新的面貌。这里过去曾经是中国人民革命的发源地和前进基地；在这里曾经撒下了革命的火种；在中国人民革命的大业中间，这里就永远会保持着高贵的传统，在每一个明天，都会创造出更新更大的光荣！

《文汇报》1951 年 9 月 16 日，第 2 版

访问沂蒙山区（二）

美丽的沂河

从潍县开始，访问团就离开了胶济铁路，向鲁中南地区行进了。

八月初旬正好是山东雨季的开始，连绵的阴雨给公路行车添上了最严重的障碍。潍县的公路站里挂着的“阴雨连绵，各线汽车暂停”的牌子给行旅者添上了无限的焦急。这样，在经过了一天好好的太阳以后，就不敢再等候第二个晴天，抓紧机会，在路面尚未干透、水位未能尽退的公路线上动身了。

从潍县出发后的第一天的下午，就又遇上了暴雨，这样就又使公路变得异常泥泞，只能在莒县停留下来。

这个只剩下了瓦砾的莒县县城，使我们对老根据地在抗日战争与解放战争中所付出的惨重的代价留下了一个最初的深刻的印象。我们就住在全城唯一的新建筑城中小学里面，这是莒县唯一的一所完整的房子。在这所小学的前面就是一个美丽的小水塘，水塘的四周布满了生长得异常茂密的高粱。要不是在路上堆满了残砖剩瓦，你就不会想起这曾经是繁盛的市街。

人民在废墟上面重新建筑起自己的家园。仅有的一条街市是异常繁荣的。在还没有完全毁去的废基上又造起了新的房子，自然这不免是简陋的。在这里有着日用品、食粮、吃食……一类的店铺。

从莒县折向西北，从平原逐渐进入了丘陵地区。汽车在暴雨之后的公路上行进，是异常困难的。一些石桥，都没入急流下面去了。本来是干旱的河床，就都成了渡口。车子在微雨中间缓行，爬上了山坡。眼前展开了一幅美丽的画面，远远的山层排成一列暗灰色的画屏，浅灰色的云像带子似的绕在山腰上。丛林安置在山脚下面，河流旁边，有如一丛丛墨绿色的菌子。在这中间，有一条突出的、特别引人注目的乳白色的曲折的带子，就是著名的沂河了。

这是一条著名的河流。在抗战中间，它曾经成为与日伪斗争的天然的屏障。在一九四二至一九四三两年中间，在中国共产党领导之下的民兵英雄们，曾经在这里与敌人进行了艰苦的斗争。在二百多次战斗中间，始终没有让鬼子渡过河来。这是老根据地人民英勇创造的光荣战绩。人民为了永远记忆这一段艰苦的斗争，曾经创作了一首美丽的歌谣：

老沂河，宽又宽，东西两崖不一般：

西边是朱富胜和张秀海，东边是狠心鬼子和汉奸；
西边是安居乐业人享福，东边是抢杀奸淫苦难言。
老沂河，宽又宽，一道水流隔两边：
这边一心抢钱财，那边一心保家园。
倘若是，东边要向西边过，保管他，来时容易去时难。
老沂河，宽又宽，没有桥梁没有船，
只等着，打走鬼子出中国，那时候，太阳一出见晴天。

在这首民歌中间提到了领导沂南人民创造了辉煌战绩的劳动英雄朱富胜与民兵英雄张秀海。使人感到异常兴奋的是，在沂水，我们马上就可以会见朱富胜同志，他现在是沂水县的县长。

劳动英雄朱富胜

在沂河与汶河会合的三角尖上，有一个佃户庄子——交良村。一个三辈佃户的贫农的儿子，从小跟娘要过饭，十几岁开始就为地主种地，十八年来受尽了无情的侮辱与损害。自从共产党来了以后，翻了身，有了阶级觉悟。十二年来，在党的培养之下，发掘了同时更充分表现了劳动人民优美的品质，坚持了对敌斗争，成为劳动英雄，大力做好了支前的工作。现在他是沂水县人民政府的县长，赢得人民全心喜爱与尊敬的好县长——朱富胜同志。

我们在沂水专署的大礼堂里听了他的报告。站在我们面前的就是这样一位典型的农民出身的行政干部。

新剃的头，脸刮得光光的，留下青青的胡子碴，瘦削的脸上有着两只熠熠发光的眼睛。白衬衫，蓝布裤子。腰里系着一条浅黄的毛巾。永远不离手的是一只短杆的旱烟袋，装着绿石嘴，拴着浅黄色的羊皮烟荷包。

我们无法看出他在外貌上装束上与农民有任何的区别，除了在他的衬衫的口袋里插着的那一支钢笔。

他为我们介绍了故乡——沂南县的情况。他对这块土地上的每一座山、一条河、一个沟渠都熟悉极了。他用了快速而微微激动的口吻描述着这一切，他背得出故乡土地上生产的每一种农产物的名字。在讲述中间他是带着充分的激动与喜悦的。在“棉花、柿饼、山楂、金银花、山药、大蒜、花生、黄豆……”后面，好像要带给人一个惊异似的，他这样说：“还出大米咧!”

他提到这一块山区的过去的封建统治情况，“很浓厚咧!‘少爷’就有好几十个。还有‘大相公’‘大爷’，非常反动的，杀人不少。最近看见报，知道在青岛被枪毙了”。他松了一口气，接着往下说的是对敌斗争的情况。这一部分是最生动的，因为我们的英雄也就是曾经亲身参加并领导着民兵斗争过来了的。关于这一部分资料，我想在后面写到沂蒙山区的一些曾经展开过战斗的地区时候再加以引用。

《文汇报》1951年9月17日，第2版

访问沂蒙山区（三）

这一天晚上，在专署会议室的烛光下面，我们又有了一次会晤。他拿出随身带着的一叠记录，给我们谈了他最近下乡去了解的一些政治经济情况。从他的简单而明确的谈话中间，可以充分地体会出他是怎样把爱国丰产运动当作一件重要的政治任务来推动的。农民个人的利益是和国家的利益分不开的。在他综合每一个典型的乡或村或模范人物的材料的时候，都能够好好地抓住这个原则。

他介绍了景星区石井庄的九个变工组所订的爱国公约：

（一）帮助烈军工属搞好生产。

（二）多锄一遍地，夏季每户多沤三车至五车粪，展开增产捐献与生产竞赛。

（三）保证公粮不欠。要“晒干、扬净、交早、交好！”

石井庄的六十二岁的军属老大爷张东年，是被朱富胜同志特别提出来的。

“这位老大爷家里一共有四口人，大儿在志愿军里，家里的两个小孩都是半劳动力。老头子自己种八亩地，不要人代耕，还在变工组里帮别人的忙。今年他种二亩高粱、二亩半谷子、半亩棉花、一亩玉米、二亩豆子。抗美援朝的运动展开以后，儿在朝鲜来了信，嘱咐家里好好生产。老大爷订了爱国公约，八亩地里上了廿二片豆饼、一百五十担粪。地比往年多锄上一遍，在现在的基础上每亩可以多收五斤粮，八亩可以多打四十斤粮，秋天收了拿来捐献。”

朱富胜同志说：“这是好模范军属！”在灯影下面，他熟习而轻快地翻着随身带着的一叠记录，脸上浮着微笑。说完了张东年老大爷的情况以后，他抬起头来，晕黄的灯光照亮了他愉悦的面影，额角上的皱纹拉平了。看得出他是为县里有着这样的好军属而特别高兴了。

他从袋里取出了一片干黄的烟叶（这也是山东的名产），用手铺平了，一条条地撕碎，放在烟荷包里去。

烟袋对着灯火，燃着了。黯黑的夏夜里可以清楚地听得见烟管嘶嘶的声音。

翻着翻着，他脸上又浮出了微笑：

“大匡庄的匡庄乡有一个青年妇女，今年廿八岁，一九四四年送郎参的军。丈夫在志愿军里。她家是老佃户，要过饭。有一个小孩在上学。土改以后分了七八亩地。她写信给丈夫，要他好好地打美帝，她在家里好好地生产。这样，她被选作乡里的妇女会主任。生产积极，领导识字班里的青年妇女替别的军属锄了三亩多麦子。她是部分代耕，自己种二亩。家里吃高粱煎饼，还不断地吃点海货。她舍不得吃麦子。经常夜晚到小匡庄去，发动妇女生产，半夜才回来。开展爱国运动的时候，她亲自买了一打胰子、一打手巾慰劳志愿军。还积极写信给她丈夫……”

朱富胜同志接着说她怎样不好意思地却又掩不住高兴地拿出丈夫的信来给县长看，她在笔记上记下了这样的几句：“爱人呀，你来信我欢迎！咱家土改翻身，由穷到富！全靠着共产党。给你提个意见，你要好好地学习。……”

夏夜是闷热的，满天繁星。在走回宿舍的路上，我在盘算着一件事。我想起白天在沂水的街市上获得的一些印象。在新华书店里，店员同志向我介绍王希坚同志所著的《说唱朱富胜翻身》，告诉我这是一部描写他们的劳动英雄出身的县长的畅销书。在饭铺里，在卖花红的老大妈的摊头上，一提起朱县长，他们都伸起大拇指，说“是个好样儿的！”“劳动英雄么！”人民是那么真心真意地喜爱着这位县长。是为了什么，朱富胜同志是掌握了怎样的工作方法，是从什么地方获得了工作的力量，才获得人民的喜爱的呢？我想这是一个值得注意的问题，应该向他提出来的问题。

第二天晚饭后我们散步到沂河边上去。去看这一条才涨过大水的河。

沂河宽阔的河面的对岸有着连绵不断的群山。在夕阳影里，远山由浅绿到深蓝变幻着各种颜色。令人想起扬子江上三峡的形势。人们和羊群牛车通过被水淹没了的长桥的石墩，在河床浅处，正展开着热闹的活跃的劳动者们工作的画面。几百个民工用筐子抬来了沙土，抬到距离河身一百米远近的堤岸上来。他们在修补着昨天晚上被河水冲毁了的地方。这是一幅伟大的场景，堤身中间的木干还露在外面，新盖上去的沙泥还发着潮湿的黑色，在八百米长的修补面上，只剩下了十几米的一个小缺口了。这是一千民工在一个整天劳作的成绩。

在远处堤岸上的柳荫下面，发现有人在向我们招手，是朱富胜同志和在一起开会的区乡干部们。沂河昨夜涨水，冲毁了四处堤岸，他今天一早就紧急动员了城区的四个街和四个乡的民工，自己扛了锄头在前头领着队到这里来了。他一直在这里指挥着工程的进行，一些乡村干部经常地围绕在他旁边讨论着问题，批评着缺点，纠正着工作上的错误。在几小时中间，他发动了一千多民工，他向群众说明，这个工作是为了要帮助沂水城区的人民拯救他们的生命财产，是为了要发扬劳动人民阶级友爱。老沂河的堤岸本来是牢固的，国民党反动派盘踞在这里的时候，修了许多乌龟壳的碉堡和据点，拆了人民的房子，也从堤岸中间抽出了些木桩，这是造成这一次决口的重要原因。

本来一天就可以完工的，因为动员仓促，工力分配得不匀，所以还剩下了一部分要在明天赶完的工作。他要求两个乡的干部保证明天一定来三百个工，保证明天一定修复这个堤岸。

简单的汇报完毕以后，他笑着向我们说："要搞好群众工作，一定要好好打通干部的思想；要保证做好一件工程，一定要有好好的计划。"

这两句话从他的嘴里讲出来，是有着充足的现实意义的，一点都不教条！

太阳已经隐没在远山下面，一抹螺青的上面留下了淡淡的晚霞，沂河上罩着一层淡绛的薄雾。修堤的民工的工作停止了下来，我们也陪着朱县长缓步走进城去。

路上是一片被水冲毁了的庄稼，还没有晒红米的高粱垂在地上，豆子的叶子上涂满了泥浆……他一面走一面向我们说明应该怎样救治这些经过洪水袭击的农作物，怎样把冲倒的高粱扶起来，把豆子的叶苗根株上面的泥洗干净。他真不愧是一个老庄稼把式，他对这一切是如此熟悉，他对这一切有多么浓挚的爱，这些都是使他成为一个劳动英雄的必要的条件。

"夜个一看水冲上来了，连俺都有点发愁哩！今天干了一个整天，一看，不差离哩，这才放了心啦！劳动的伟大呀！"

我一边走一边体念着这个从农村中生长起来的行政干部的思想感情，我觉得似乎已经可以多少得到了萦回在心里的问题的答案了。可是我仍旧向他提了出来。我问他："你是怎样在搞你的行政工作的?"

他沉默了一下，又走了一段路，严肃地向我说：

"我的一大部分力量，差不多百分之七十的力量，是放在领导生产上的，着重在领导棉粮生产上。打今年春天起，我就经常在脑子里考虑；开大会小会都讲话宣传，推动种司子棉。开始时老百姓不愿意种，就开始动员推广，种了五千五百亩（今年全县一共植棉三万多亩）。后来棉花有一半不大出苗，又马上组织人力下去，帮助动员解决问题。

"今年七月里有八千多亩田发出了蝗灾，又马上下去，组织生产，和灾荒斗争。一百二十里外面的廿多个庄子遭了雹灾。我下去看。群众说，'可了不起了，县长为雹灾亲自来了'。开会的时候群众说，'咱叫雹子打了，近处的亲友还没有来看的，县长这么大年纪（他不过只是四十五岁）亲自来了!'

"咱不能让灾荒生根。我是个生产上的熟手，能够掌握农时。看见地上出了毛病，就跟着下去积极指示，马上开会动员。我现在还经常看一些农业小书，学习新的科学农作方法。像现在的夏天，就一定得战胜水涝灾。这个月我只在家里六天，经常是在外边跑的。阴历七月是个农业生产的旺月，要是松了，就要影响生产!

"只要搞好了生产，在农村里一切的工作就都好开展。增产捐献，农民是高兴的!

“一切都得通过搞好生产来弄好!”

是的，这是他十几年来累积下来的工作经验，而且在今天的农村工作中，证明了这是正确的工作方法。我们的从劳动人民中国生长起来的劳动英雄，在经过了多少年革命的锻炼之后，变成了优秀的行政干部。学会了管理行政，追求着新的知识，理解新的知识，他不曾停滞在固有的水平上，他是一直在发展着、进步着的。

他兴奋地提起在北京开第一次政协筹委会时见了毛主席，“跟毛主席握了手，俺掉了眼泪!”

这种感情是可以充分理解的，他的出身，他的翻身经过，他的斗争经历……跟他这种感情是分不开的。在这里，我又找到了问题的最后的答案。是党和毛主席给了他无比的力量，让他在一个完善的人类品质上达成了那样值得骄傲的创造!

《文汇报》1951 年 9 月 19 日，第 2 版

访问沂蒙山区（四）

赶界湖集

从沂水出发到沂南县县府所在地的界湖，我们用了一整天的时间。

旅程是困难的。雨后的路基添了一层厚厚的泥浆，车子只能像牛一样地在路上爬，时时得留心不易控制的后轮会滑到路旁的沟里去。每过一条河，驾驶员同志就得运用最大的努力、最熟练的技巧，选择一条比较安全的路径，使用头挡冲上去。回头看看，泥土往往给车轮压进去尺把深。这样，我们就盼望着从雨云隙缝里透出来的微弱的日光好使路面比较更干一点；干一点，车子也就可以走得比较更快一点，快一点。在下午四点钟左右，才到达了渡口。

渡过河，到界湖还有十八里路。

雨后的田垄，是一片泥泞。泥像胶一样的滑，踏上去的脚步要费很大力气才能稳下来。要是一脚踏进尺把深的泥潭里去的话，拔出来就需要更大的力气。眼前的山影暗淡下去了，星子出来了。等我们最后终于到了目的地，在平得像镜子的打麦场上歇了下来以后，好像就不想再站起来了。

在黄昏的打麦场上，我们受到了亲热的款待。群众给我们端来了最好吃的开水。他们提出来那么多问题，那么亲热，完全泯除了拘束。几乎是最初就提出来这样的问题：“你们带了电影来么?”接着就谈起了他们对于电影的印象，他们看过《中国人民的胜利》。他们说“好极了”，这是完全正确的，好极了。接着就又告诉我们一位老大娘的故事；她从前是不赞成这种新玩意儿的。可是后来一看，就给她“看中了”。于是，这个问题也就成为对他们最有兴趣的问题了。他们还关心有没有朝鲜战场的新闻片带来。

老根据地的人民是用了怎样的热情来欢迎着崭新的东西的呢？翻了身的农民是多么迫切地欢迎着新的文化？他们对描写伟大的祖国和伟大的祖国的劳动人民的文艺制作是用了怎样激动的心情来接待着的呢?

第二天，正巧遇上界湖的集日，我们非常高兴能赶上了这样盛大的集市。在这个集市上，我们将更亲切地体会到蒸蒸日上的老根据地人民的经济生活和文化生活。

集市的主体是一条二里多长的大街，从这条主干上又伸展出去十几条支脉。这是一些比较集中的交易市场，像肉类、水果、日用品……就都集中在这些小胡同里。到这里来赶集的人，有从七十五里以外的岸堤来的。在农村生活中，赶集是异常重要的。他们有许多人就把赶集列入了爱国公约。多赶两趟集，薄利多卖，多赚一笔钱，来捐献飞机大炮，是很普遍的事。

街市的东头，一个人家的门首的门联，是很可以综合地说明这里的气氛的：“向阳门第春常在，劳动人民庆有余。”这是从一副旧的春联蜕化出来的，却正好说明了土改以后农村的新面貌。从这里开始，大街上密密地排满了两排摊子，在这中间是挤不动的赶集的人，提着篮子，肩上披着褡裢，蹲在摊子前面选取他们所需要的东西。大量的农产品堆集在摊子上。山东有名的土产：大葱，粗粗壮壮，一扎一扎地放在地上。大蒜被编成了长长的环子，人们就把买来的蒜圈套在脖子上，有如一串花环。用竹筐盛着的茶叶，还有一束束的艾香，这是农村里最通用的驱蚊香剂。农村中最重要的肥料，土黄色的一块块轮盘似的豆饼，叠在地上。土豆、韭菜、香菜、豆角、辣椒、南瓜、茄子、菜籽、烟叶、姜、胡桃……这一切，组织成了错综而丰富的色泽，给人的印象多么强，多么茁壮。祖国的土地的广大与厚实，劳动人民的辛勤劳作，这儿陈列着最好最生动的说明。

一个饭摊，铁锅里排列着焦黄的锅贴，大瓷缸里是绿豆水饭，案板上叠着尺半直径的厚实的锅饼。饼面上有着焦黑的素朴的花纹、福字、双鱼、方胜……赶集的人在这里吃饭，一排排地坐在矮而狭长的条凳上。

一个卖人丹的小贩是一个活跃的贩卖者。他的挂在胸前的盘子上面也贴着对联，“完全国货，又好又贱”，横批是“抗美援朝”。他正是在进行着“抗美援朝”的宣传，他在说快板。这样的宣传方式是很有吸引力的。他的宣传也很有内容，他把“中央人民政府老根据地访问团”到达的消息告诉了大家，而且预告了新的电影即将上演。

一位军属老大娘在进行着副业生产，在集市上卖开水。她用的是一种巧妙的炉灶，一个直角三角形的泥灶。四十五度的斜面上安放着六七把铁壶，长长的秫秸就安放在斜面上，燃烧起来是异常方便的。用这种方式，最多时可以烧到十二把壶。军属陈大娘自己有六亩地，完全由自己耕种。在逢集的日子就进行卖开水的副业，两个小女儿帮助着她。柴火每五十斤需要八千元的成本，这样，她每次可以有一万元左右的赢利。

最热闹的地方是布摊。妇女们拥挤着在拣选花色，研究质料，量尺寸。这里是色彩最绚烂的所在。像火一样红的花布，上面缀着淡白的牡丹花；大蓝地上面散布着小粉花……这里没有纤巧的趣味、柔细的风格。你可以想象，在强烈的阳光下面，穿着大红花布衣服的少女丰富的活力。这是和那作为人物出现的背景的广阔的金黄色的平原、绿油油的茁壮的农作物的气派是谐和的、统一的。

这些印花布大都是上海出产的，在那一块块彩印的商标上，我们可以看到非常稔熟的厂家的名字。

当我们踏进新华书店门口的时候，我们遇见了一个穿着新蓝布衣服的少女，一顶全新的苇笠下面垂拂着一对扎着红绒绳的辫子。她的篮子里已经盛满了东西，她踏出书店的门口的时候，手里就又添了一册新书——文化课本，她正热心地翻着这本新买来的书。

这是农村识字班学员的最典型的形象。

农村中间的新华书店的业务与服务方式，在了解新文化下乡的问题上是一个很重要题目。我们可以很清楚今天出版界的作风，短一些，通俗一些，薄一些……在广大的农村中间，就正是这样的要求着的。在这里的书架子上，很少看到厚厚的皇皇巨册，不只在文化水平上，在经济情况上也是这样要求着的。

在农村中间，当人们发现一册书的价格等于几斤或几十斤粮食的时候，他是会做慎重的考虑的。

在山东，普遍受欢迎的是鼓词唱本。快板的形式在农村中特别流行是一个很大的原因。人民对这种文艺形式有特别的偏爱。

新华书店的“流动供应”方式，在农村中是有效的“文化列车”。这个“列车”在目前只是一部脚踏车，一位服务员带了三五十种、五六百册小书下乡去，从这个村到那个村。区公所、区合作社、学校、空旷的场院，都是它的目的地。小学生、识字班的妇女、干部……是它的最主要的群众。群众向“列车”提意见，下次来要多带些什么书来。在目前的情况下，买的人是赶不上看的人多的。这样，“列车”

的意义就等于一个流动的图书馆。

区里的干部普遍地展开副业生产，用来买书，充实了农村图书馆。有的区里就用搬运石头的副业积下钱来买了一套通俗的读运丛书，出版总署印行的三万套半价发售的丛书。

《群众文化课本》有一次销去一千多册的纪录。有时候一批儿童读物一下子给抢光，买不到的小学生急得哭了，老师要求书店的同志下次多带些来。

科学知识的书籍也是普遍地受欢迎的。关于农业知识的、生理卫生的，都需要有大量的供应。在一个庄子里，妇女托村干一次买了四十册《新法接生》。她们迫切需要接受新的知识，这对她们是有非常大的帮助的。

县里的民办小学最近有大量的发展。在沂水专区每一个县平均都将有二百所左右的小学设立。麦秋以后，在丰收的季节中，书店的同志估计将有大量的新书可以畅销。这一切，都是毛主席的英明的指示的最好的注解，“随着经济建设的高潮的到来，不可避免地将要出现一个文化建设的高潮，中国人被认为不文明的时代已经过去了，我们将以一个具有高度文化的民族出现于世界!”现在我们看到的，还只不过是这个高潮的最前面的涟漪；然而，就是这个，也已经使我们充分地感到文化建设高潮的远景的光明瑰丽了。

《文汇报》1951 年 9 月 20 日，第 2 版

访问沂蒙山区（五）

诗　人

在山东，劳动人民对歌唱有着特别的爱好。诗歌的旋律在人民的精神生活中间占着重要的地位，成为鼓舞斗争情绪的良好的动力。现实的生活，政治的方向……这一切都在人民自己的头脑里迅速地经过了孕育，然后就从嘴里唱了出来。歌声唱遍了广阔的原野，传到山崖水角的村村落落，成为具有决定性的鼓动力量。这一事实，是特别值得注意的。

我们很熟习“武老二”这种快书的形式，我们也知道在鲁南苏北一带，盛行着“渔鼓”（也就是道情）这样的说唱形式。很简单的一只罩上了蛇皮的竹筒，一对竹制的快板，这两件极为简单的乐器到了艺人手中就会造成激越的声调，传达繁复的感情。从村到村，从镇到镇，到处聚集了热心的听众，这情景是极为动人的。

这样，我们可以了解为什么鼓词在山东成为畅销书，为什么山东产生许多优秀的说唱文学的作者。其实，我们今天能在书店里看到作品的作者，还只不过是极有限的一部分，也可以说是在广阔的园地中间的一花一叶而已。那更广阔更丰厚的一片葱茏繁茂，它所孕蓄着的丰富的活力，还有待于好好的发掘、培植！

像在历山乡，沂南县的一个美丽的山庄里，我们就在黑板报上看见了识字班的女孩子们亲手创作写出的诗句：

毛主席对咱真关心，亲自派人来访问。
问咱生产情形怎么样？
问咱日子过得强不强？
这个说，今年生产真正好！
那个说，今年倒比往年强。
这样日子哪里来，全靠中国共产党。
今后我们更努力，搞好生产多打粮。
拥军优属做得好，支援前线有力量！

素朴的语言，传达出来的是真实的情感。她们又向访问团的同志们唱出了这样的句子：

“访问团的同志们，你们辛苦了。千山万水来俺县，不怕天热不怕雨，不怕困难不顾忙，亲自访问来俺乡。大人小孩都高兴，男女老少喜洋洋。”你是不是可以从这些简短而有力的诗句里领略到老根据地人民对访问团的到来的衷心欢悦？写到这里，我就仿佛又看到听到从那些红润的少女的脸上，从布满了强劲有力的线条的老大爷的脸上，从没有了牙齿的老大娘们的咧开的嘴上……爆裂出来的笑声。

《文汇报》1951 年 9 月 21 日，第 2 版

大明湖及其他

——在济南之一

我们到老根据地去访问，回到济南以后，在等候出发的时候，抽空玩了济南的几处名胜。我们最先到了《老残游记》里曾经描写过的大明湖。站在白妞曾经说过书的有名的“明湖居”的遗址前面，可以看到疏浚湖泥的工人们在辛劳地劳作着。我们知道，大明湖已经开始重修，将要以人民公园的姿态重新出现在劳动人民的面前了。

当画舫在狭窄的几乎被芦苇塞住了的湖道里行进的时候，朋友们告诉说：这块湖，过去也是被人一块块地买了去作为生利的工具的。大明湖的藕与莲子是有名的，就连那芦苇的根，也可以做汤，在宴席上占上一个很重要的地位，因为这是济南的名产。就因为如此，这块湖才为荷花、芦苇塞满了。虽然没有显著的界限，然而谁家的湖田谁家来收，却是不容混乱的。主人们驾着小艇按时到湖上来收割自己的产物。现在，就由市人民政府把这些湖田重新收买回来，加以疏浚。那么，大明湖才可以恢复它的宽阔明湛的旧观。

湖边上的省立图书馆，就设在一个相当宽阔的花园里，花木扶疏，假山重叠，很有点江南的情趣。在这里，就有着革命烈士的纪念塔。在“八一”建军节那天，代表团到这里来献了花，举行了纪念的仪式。

山东省立图书馆的藏书是颇为著名的。特别是有关山东的历史文物，收集得很不少。不过现在却只有一些汉代石刻还存在馆里，其余的善本书籍已经送到在趵突泉附近的山东省古代文物管理委员会里去了。这是一个新的机构，是在抗日战争与解放战争中间成长起来的。

这个新成立的机构的会址过去是红卍字会的会所。在济南是很难找到这样宏伟的建筑的。绿瓦的屋顶，高阔的水泥与砖石所造起来的大殿，过去是供给红卍字会中的人们打坐、念“经”用的。甚至有很高大的一进宫殿，是他们专门造了来烧化纸箔的。现在就用来陈列文物，高阔的厅堂的光线和空气都很充足而流通，对文物的保藏陈列是非常合适的。特别是那房舍本身，就代表了一种优美的中国古建筑的风格。

《文汇报》1951 年 9 月 27 日，第 7 版

金石善本（上）

——在济南之二

山东古代文物管理会的收藏，最重要的部分是铜器，足足陈列满了一个大厅；其次则是书画、瓷、玉、砖刻……还有一部分则是善本图书。在我们参观的当时，因为正是暑期，比较容易受潮遭蛀的书画和一部分图书都装了箱，因此不曾全部看到。

铜器的陈列，是可以成为一个完整的系统的。无论在时代上、种类上、规制上……都看得出是一种有系统的收藏。这里有最著名的“[illegible]女射鉴”，是一种水器，有三个字的铭文，是《西清古鉴》上著录过的。其次如有五个字铭文的“虢叔盂”，以及“夔纹盘”、“上林鼎”、“乳鼎”、“周颂壶”、鼎、敦之类是非常齐备而精的一套收藏。那雕刻的精致、铸工的熟练、姿态式样的繁复，在在都使我们为我们伟大祖国的古代文化感到骄傲。

在一些说明的卡片上，我们可以看出这些铜器过去是属于“黄县丁氏”的。这“黄县丁氏”，无例外地也是一个大地主，是当地唯一的“大户”；他的剥削方式，除去靠了大量的土地之外，还开了大大小小许多“当铺”，用高利贷的方式攫夺财富。不但在黄县，在北京也是有名的当店老板。本人是一个小京官，在剥削之余就企图附庸风雅，想与山东另一个有名的收藏家——潍县的陈簠斋（介祺）争衡，于是就收买起铜器来了。

当铺是最容易接受贵重古董抵押的地方，可巧时代又正当晚清，几次帝国主义侵略中国，都在北京造成了混乱抢掠的战争局面；于是这位收藏家就大为得意，在这些机会中间很获得了一些重器。这就是为什么由清皇室掠夺了去的铜器，在《西清古鉴》里著录过、上过赃物账册的东西，会在他家里发现的原因。

现在，经过抗日战争与土改，这些转了几道手的赃物又重新回到人民手里来了。特别是在土改复查阶段，经由群众指出而查获的东西是非常可观的，原来地主们是把这些国宝都藏在夹壁墙里了。

经由土改而收集起来的善本图书，因为都装了箱而且也还不曾整理过，因此也就没有目录，还不能看出那质量是怎样的。我只看到了两种由“掖县杜家”（汉奸）清查出来的宋元本。

南宋本《资治通鉴纲目》，大字精刻，白麻纸宋印；元本《素问病机气宜保命集》，也是精刊元印的。

此外就又看到了一种旧抄的《唐歌诗》残卷，是曹楝亭和堇斋昌龄旧藏的，前面有曹子清的亲笔题记，是很难得的名迹！

《文汇报》1951年9月28日，第7版

金石善本（中）

——在济南之二

“影宋抄《唐歌诗》，明抄是书曾藏虞山钱宗伯家。首卷子晋借钞，得脱绛云之炬，真灵光矣！甲申修《全唐诗》，从斧季借阅，增入人诗甚多。观者不可以为刍草而轻之！寅。”

这是《红楼梦》的作者的祖父曹寅的笔迹。短短的几行里很保留了一些文化史料。他写这篇题记的时代，大概正是在江宁织造任上，在扬州刻《全唐诗》的时候。至于那宋刻《唐歌诗》的残本，已经由皕宋楼卖给日本人，现在东京静嘉堂文库，更是为中国人民不能忘记的。

此外我们又看到山东省立图书馆的收藏。抗战中间运到了重庆，解放战争中保存得好好的、不曾被匪帮劫夺到台湾去的一百六十四种善本。这里面有几种是海源阁的旧藏，虽然不是杨家好的藏书，然而像黄荛圃的校跋本也还有好几种，此外山东乡贤的手稿手迹，系王渔洋、李南涧、王菉友、牟廷相、高南阜、桂未谷……也都是极可珍贵的。

在瓷器陶器室内，我们看见了汉朝的“君子馆砖”“月华宫砖”“千秋万岁砖”，还看到了两方明代御倭名将戚继光的玉印，特别感到有意义，玉印雕纽上面还缚着古旧的红丝绳，一方是“戚继光印”（白文方印），另一方是“内侯之章”（朱文方印）。

养成对祖国文化遗产的重视、宝爱的观念，在每一个新中国的人民说来，都应该是迫切而重要的。爱伦堡在保卫和平的论文集中对这个问题就郑重地提出来过，他向西方的作家们提出这个问题，为了保存人类智慧创造累积的精粹，应该制止战争贩子的挑战，应该坚决保卫和平。他特别指出这是每一个作为人类灵魂的工程师的作家的责任。

《文汇报》1951年9月29日，第7版

金石善本（下）

——在济南之二

是的，当我们看到这些辛苦收藏下来的古代文化艺术的遗产的时候，是会更激起我们热爱祖国的心情的。特别是在听了文管会王景宋副主任生动地述说的故事以后。

薄一波同志和英勇的八路军战士们在抗日战争中间抢救了山西写刻赵城藏的故事是为大家所熟知的。在山东，在胶东，人民战士和英勇的劳动人民也同样地创造了光辉的史迹。

在上面我们说过的土改、复查阶段之后，敌人在胶东一带就又发动了进攻。怎样在战争的环境当中保藏这一批珍宝，这一批重归人民的胜利的果实，就成了很严重的问题。怎样逃避敌人的眼睛，怎样好好地达成保藏的目的，不使文物受到天然的灾害，都是非常难以克服的困难。

在这里，劳动人民的智慧与爱国热心就起了最大的作用。善于依靠人民群众的就顺利地解决了问题。当同志们向人民提出了这个问题以后，用不着再解释，人民就拍胸口把这个艰巨的任务承当下来了。

王刚主任说："当时只用几句话就动员起来了。老百姓一听说这是群众的胜利的果实，当然应该保护，马上就负担起了这个紧急的任务！"在海阳，群众连夜掘了掩蔽得非常好的三百多大大小小的山洞。在夜晚，妇女们把文物抬上山去，保藏起来。敌人虽然到过这些地方，汉奸、特务虽然多得很，可是群众的保密工作是做得非常好的，就没有让他们知道一点点风声。

最后敌人被赶走了。文物又重新从山洞里起了出来。完全没有一点损坏，山洞干燥得很，一些都没有受到潮损。

这样的事实，这样英勇而可爱的人民的斗争经历，是值得记载下来的。

最后，王副主任在介绍他们的工作方法的时候，也提出来许多值得重视的意见。过去在抗日战争中间，在解放战争中间，在军事第一的情况之下，负责文教工作的同志就从来没有松懈过搜集保存文物的工作。他们采取的方式是无论怎样的文物都要收集，片纸只字也不许扔掉。在县、区、乡里都深入地进行这样的工作。集中以后再由专人做拣选的工作。

宣传工作是异常重要的，应该争取一切的机会向群众进行宣传，这样，大家就会常常提出来："我家还有古物哩。"收集的工作就比较容易着手。当农民干部经常进行宣传，群众都知道了毛主席在《新民主主义论》里指出过珍视祖国文化遗产的问题以后，认识是普遍地提高了。这是保存文物的最重要的基础。“文物保管的工作，”王景宋同志这样说，“是异常重要却不是急要的。”这是对问题很切当的看法。怎样把握住这一个重点，工作才可以做得好而不致发生偏差。

他们从几次复查的工作中获取了经验。搞文物保管的工作，必须好好地结合群众。只找几个专家鉴定、收藏已经无裨于事，在新的形势之下，必须有新的工作方法创造出来！

《文汇报》1951 年 10 月 2 日，第 7 版

下　乡

——在济南之三

我们下乡去慰问荣军疗养院的伤病员同志们。我们坐了两部大卡车，带着电影放映机，还有慰劳品，一大捆一大捆的书报，苏联出版五彩印刷的大册画报，中国人民文艺丛书，连环图画。这些画册书本将为休养中间的伤病员同志们带来多少愉快呢？他们可以从美丽的苏联的建设场景里描摹我们的祖国明天的新面貌；他们可以从小册子里知道他们的亲密的战友在朝鲜打击美帝侵略者的胜利情况，这使他们虽然身在后方，可是却永远和战友们生活在一起，本是要将他们的心灵连接起来的啊！想到这里就不禁使我的心跳起来了。

我在想，我们就要在很短的时候中间看到我们最敬爱的英雄了；我在想，被分派下来的任务，我能很好地完成吗？我能胜利地把全国人民对他们的关怀、毛主席对他们的关怀完整无缺地带给他们吗？我能很圆满地、理想地完成这个神圣的任务吗?

我在悬揣着我们即将会见的英雄，好像已经十分稔熟了。从一篇篇朝鲜通讯中间，从一册册小说、报告中间，我已经对我们的英雄有了一个非常具体非常生动的影子。我闭起眼睛来似乎就可以描摹出那英姿飒爽的眉眼，那淳厚热烈的感情。……我第一句要和他们讲些什么呢?

这真让我不安。

车子在乡下的大路上扭着秧歌。太阳在头上晒得正起劲，有的同志们已经把伞张起来了。

车子忽然停了下来。原来我们正遇上了农民的运输队伍，把路给堵住了。

跳下车来看，好雄壮的队伍。队伍前面是那么许多最可爱的生物——牛。我在小笔记本上记下来一句，我回去以后一定要写一篇《耕牛颂》。当我听到了那么许多政府首长的报告，了解了日本鬼子和国民党匪帮从农民手中抢去了那么许多条牛；和目前在发展生产的任务中间，我们又是多么需要着耕牛……我看见了那许多黄黄的、驯良而茁壮的牲畜的时候，看见它们踱着缓慢的步子在路上走的时候，我真不禁感情冲动了。我很高兴我能够了解农民对牛的真挚的爱。

跟在牛群后面的是毛驴，毛驴身上驮着枕头大小的白皮西瓜。“三白”，我们在济南吃过这样的西瓜。沙、甜、多水，这是我们伟大的祖国的名产呀！放眼一看，就在路边的田里，一个个胖而大的“三白”就睡在那儿。

在两小时以后，汽车从田垄中间湾了进去，停下来了。我们到达了疗养院的院部，这是在一个地主的家里。

《文汇报》1951 年 10 月 4 日，第 7 版

汉水上吹来的春风

看了陈伯华同志的几次演出，特别是她的新作《柜中缘》以后，是会引起人们很多新的启发的。

《柜中缘》是一个很好的喜剧。本来是“梆子”里的传统剧目，现在被移植到汉剧里来了。移植得十分成功，没有一些斧凿的痕迹，使人感到好像这本来应该就是汉剧的传统剧目似的。这种成功的移植可以使人理解地方戏曲互相影响、互相哺育从而产生的一种亲密的血肉关系。过去千百年来的情况如此，今后的情况也必然仍旧如此。

地方戏曲彼此互相移植剧目的条件是存在的，可是并不能说移植的工作就是轻易的。

地方戏曲的表现形式、表演程式大体上是相似的，甚至唱词的字数、句法也都是相近的，这些有利的条件往往正是造成移植工作失败的不利因素。以《十五贯》为例，自从昆苏剧团的演出获得成功以后，我们在全国的舞台上很快地就看到了各种不同剧种的《十五贯》，但是真能做到成功的移植的就不多。往往只是保留了原来的故事，甚至场次、台词、唱词，却同时失去了昆曲和这个剧种自己的特征。正像一种拙劣的译本似的，除了面貌依稀之外，原作的风格和祖国语言的优点都同时被失掉了。

陈伯华演出的汉剧《柜中缘》，就正是在这些地方，表现了演员的辛苦劳动的。她把这个小戏的形、貌揉进了汉剧的血肉中间，传出了汉剧的风神。应该说，这正是一种可贵的再创造工作。

陈伯华是出色的旦行（青衣）演员，可是她又在花旦的行当中，得到了更为可喜的不平凡的成就。她在《宇宙锋》里演出了一位丞相的女儿，同时又在《柜中缘》里成功地塑造了一个天真、娇憨、极为可爱的普通少女。她用了很大的努力来表现少女的面貌和内心生活。从语言、声口、脚步、颦笑，以及眼睛、眉毛、腰肢、手指的运用里，活生生地再现了一个可爱的少女。这样的少女，是人们在生活里异常熟悉的，同时也是人们热望在舞台上不时看到的。陈伯华的演出里有着那样浓厚的生活气息，同时又有那么浓郁的舞蹈气息。她的每一个动作、每一个姿态都是经过很好的组织、挑选的，那些繁复的动作个体，都能在汉剧的传统舞蹈程式里找到根据。那些经过精心结撰的动作组合也都不是无根的枝叶。

一个优秀的演员，正像一个优秀的工人。她有一只蕴藏极为丰富的零件箱，她能熟练地、创造性地运用箱里的零件组成新的产品，这些新产品都具有自己的生命和风格。

这不是一件轻易的工作。除了演员的才能以外，没有艰辛的努力也还是办不到的。

《柜中缘》是一个喜剧。一个少女，在危难之中收留了一个被迫害的青年，却为自己带来了一连串意想不到的尴尬局面。可是通过这一系列矛盾的解决，却使这一对青年订了婚。

人物之间感情的滋长，就是在这短短的过程里完成的。可是却完成得那么入情入理，那么健康，无可指摘。这真是一折上乘的喜剧。

对选取了这样的喜剧而进行加工的演员，人们是非常感谢的。

近几年来，我们的剧场里一直是缺乏健康的笑声的。这个情况和今天的社会现实并不十分和谐，和我们的戏剧传统也不是十分吻合的。传统剧目里包含了大量的丑戏和花旦戏，这笔丰富的财富一直没有得到很好的重视与发掘。

中国人民具有非常高贵的情操。健康、爽朗的笑声一直不曾在人民群众里中断过，即使是在最艰难的岁月里也是如此。人民用笑声支持了那些值得同情的人和事，也打击、烧毁了那些丑恶的东西。

看了《柜中缘》这样的喜剧以后，有谁不是充满了热情为这一对年轻人祝福的呢？受到奸党迫害的岳飞的儿子在危难中得到了一个少女的救护，少女是那么美丽、善良、稚气，人民通过这个可爱的小姑娘发抒了自己对忠于民族国家英雄后裔的全部热情。

整个喜剧里没有一句政治术语，谁都不曾喊过“打倒卖国贼秦桧!”这样的口号。在一折充满了儿女柔情的小戏里，却表现了最有力的政治倾向。

上海的观众和戏剧工作者是用充满了感谢的心情接受武汉市汉剧团带来的这样珍贵的礼物的。

《文汇报》1957 年 4 月 6 日，第 2 版

说脸谱

在中国的旧戏里面，有一样东西特别引起我的喜爱。那就是脸谱。

在北方，特别是北平，大家都说“听戏”，但在南方，则曰“看戏”。这中间说明了一点区别，一点欣赏程度上的差异。“听戏”，照规矩，必须闭上眼睛，一边按拍，一面摇头晃脑，那所欣赏的是音调的节奏。这可不大容易，起码得有听戏几十年的历史才能办得到；但是看呢，问题似乎就比较简单，只要不是近视眼而不肯戴眼镜，或者不是色盲，总都有资格的。展开在观众眼前的舞台上的东西可太多了。演员的身段、表情，装束的格式、色彩，都能给你一种感官上的刺激，而在这中间，最初引起看官们的注意的则是脸谱。

脸谱，是演员在自己的脸上用彩笔涂出的谱式。

这最初就有一个问题了。既然说是“谱”，这当然是有着一定的格式的。只要照了这“谱”一涂，什么问题都可以没有了。然而不然，这中间大有研究，师父的传授，本来都是差不多的，曹操的大白脸上，一定要有几条细的黑纹，可是这几条黑纹的描法，就大有问题。在梨园行中有一个笑话。曹操的脸谱勾得好是曹孟德，勾不好的就成了兔儿爷了。足见这里面原也很有些研究的。

其次，脸谱是不是可以请别人代勾呢？不成，这非要自己来不可。对着镜子，一笔一笔地勾上去，精神，气魄，全要看自己的功夫和经验了。

还有，脸谱是不是可以仔细琢磨，一点一点地描描画画，像粉画工人画路牌广告一样的呢？不成，这么一来就把气魄全描光了。比方说姚期，他脸上的白底子上脑门上的那一笔黑线条，照规矩是要两三笔就画好了的。决不能一点一点地描，好像小学生写大字，先生总在描了几描的地方打一道红杠子，是一样的道理。“美术字”不是不好看，但是那不是艺术，最近有所谓电刻图章，照样是什么秦印汉印，也都满够规矩的，然而不是艺术，道理完全相同。

脸谱在过去，很遭受了一个时期的侮蔑，被认是野蛮风俗的遗留、低级的表现形式。后来似乎比较好一些了，脸谱被允许可以存在了。然而受过“西洋艺术洗礼”的人们大抵还是不大看得起这种东西的。在这里，我想替脸谱说两句话。

脸谱的起源，无疑的是由于“鬼脸”，在现在小孩子也还在玩的。在从前，这或者是一种图腾的象征，或者是一种谶纬的用具，都不一定，不过后来到了人民的手里，给了优伶，让它在舞台上出现了。你想，不是在这种现代化的舞台上，而是在乡下的野台子上，观众站在远远的树上、船中……望到舞台上，如果没有强烈的色彩，怎么能够引起观众的注意呢？

于是演员的脸上加浓了色彩，不只是“花面”才有，旦角涂浓了脂粉，丑角涂了毫无道理的白鼻子，其理由都是在引人注意。

人民的想法是天真而富有幽默感的。于是包拯的脸上来一个月亮，表示他能“过阴”；姜维的脸上来一个“太极图”，表示此公有些“神机妙算”的本领，可以继承牛鼻子老道诸葛亮的衣钵；金钱豹脸上显然有“钱”有“豹”；张天师，不成问题有了“八卦”（是一个“震”字），大约与他的“五雷真法”有关。

不只是男人，女人也有脸谱的。“无双”，这位有名的丑女人，脸上给来了一朵荷花，真十足地显出了健康的讽刺，这与士大夫喜欢的冷冷的旁敲侧击的讽刺天然地有着分别。

有两个人的脸谱，我觉得最有趣。都是黑白的，几乎没有别的颜色。

第一个就是曹操，曹操的脸是揉粉的。整个的一张脸，全揉了不发光的暗暗的干粉，然后再在这个白底子上画上黑色的线、点。

曹操的脸谱是“三角眼”，眉毛是“棒槌眉”，整个的脸上又有不少条不规则的线条，表示一个人思想复杂、诡计多端，有了不少皱纹，于是这纹路就称为“奸纹”。

关于曹操的本人，现在姑不具论。戏剧的根据是《三国演义》，《演义》上是说他奸的，因此我们就可以欣赏对于“奸”的表现方式了。

“三角眼”，好像在普通人的脸上是也可以发现的。不管“人相学”是否有其必然的道理，总之一看所谓“三角眼”，总会给你一种冷冷的感觉。更何况那么一大张暗淡的缺乏血色的脸上，只有寥寥数笔细线条，无论什么时候一看，总会觉得此公在“发笑”，可是猛然觉得实在又不是，莫名其妙，真是天才的表现。在想象中，那些满口仁义道德，今天打倒明天拥护的“政治家”的脸，大约总是这样一副神气的吧？

曹操的脸谱最单纯，然而变化最多。简直每一刻都在变化，固然演员的面部的动作可以帮助这变化，可是主要的我觉得还是观众的心理。“这家伙该又换一套花样弄弄了吧？”不出所料，马上变了颜色了。真是天才的表现法。

第二个我想提出张飞来。

他的脸谱，我只能称赞一声“美极了”。有人说这种脸叫“蝴蝶脸”，因为他的那两条眉毛，画得正像两枚蝴蝶的翅子。

张三爷鲁莽、暴躁，脑筋简单，都对的。可是我不觉得他有一点儿凶残，多天真的一个人，多喜剧化的一个人，我敢说这正是人民所喜爱的人物，于是给了他好漂亮的一副脸谱。

有黑有白，大抵不是坏人，脸上乱七八糟，让看官花了眼睛的人才要不得，然而这大抵是二三流角色，只配打打滚，帮帮凶，只有泼妇一样的伎俩而已。那最高级的魔王，是曹操那样的一片白茫茫。

张三爷的心地光明，所以他的脸上也简单而清楚地黑白分明。这人又是那么妩媚，所以有时候，还要给他拍一点点胭脂，在两颊的白色上有着轻微的红笔。我想这大概是老百姓对于粗鲁的武将、可爱的人性的一种综合表现的方式这表现方式也是“天才的”。

《中学生》1949 年 3 月 1 日总第 209 期

《红楼梦》是一部自然主义的作品吗?

自然主义是艺术领域里面一种资产阶级的美学“理论”。

自然主义者说，作家在写一本小说的时候，是用不着“虚构”情节的，只要把材料收集好，小说自然而然地就写成了。用不着塑造典型，情节愈普遍、平凡，也就愈典型。自然主义者是把平常的人，也就是接近“统计平均数”的人称为“典型事物”的。

自然主义者要求艺术家变为中心平静、毫无爱憎的摄影师，只要把第一次看到的最通常的生活事实和现象简单地搬到纸面上来就成了。

自然主义者把艺术与现实混为一谈，认为艺术作品的产生几乎是自动化的，只是一种单纯的搬运过程，干脆否认了艺术表现手法在创造艺术品时的作用，一些都不明白艺术所具有的美学本性。

自然主义者在描写生活当中反面的、丑恶的现象时，没有激情，感情冷淡，不表示对人生的态度，于是，他们就对丑恶现象拼命欣赏，大加刻画。他们说这些是“生物天性”，他们不厌其详地描写一些生理要素，欣赏和吟味一切色情肉欲的东西。

因此，自然主义者就不可能不是歪曲现实的，表现反人民的反动思想的，脱离并敌视人民的思想感情审美经验的。

《红楼梦》是这样的作品吗？自然不是的。胡适用尽了力量，考证曹雪芹的家世，使人相信《红楼梦》就是作者不折不扣的自叙传，几乎连一点细节都不走样，就是想让读者把《红楼梦》看作自然主义的作品。俞平伯和一些别的继承并发展了胡适的考证路线的人，就在这个罪恶的工作上尽了努力。

曹雪芹在创作的时候，是有着极其鲜明的爱憎的。用不着专家，一个初读《红楼梦》的人，在掩卷之后，自然就会感到作者赋予了黛玉、晴雯等以怎样的同情，对宝钗、凤姐等给予了怎样的痛恨。俞平伯却偏要提出“钗黛合一”的话来企图调和这种分明的爱憎，其实是没有用的。

曹雪芹用了不少篇幅写了贾珍、贾琏和尤二姐、尤三姐的故事。这一节中间，作者分明的爱憎更是跃然如见的。我们很难想象，曹雪芹在描写贾珍、贾琏玩弄尤氏姊妹的时候，是无动于衷的，或主观上赞同这种行动的。尤二姐陷入的那种悲惨的命运，会是作者认为当然的。在作者描写尤三姐破口痛骂，贾珍、贾琏手足无措、丑态百出的时候会是没有厌恨的。

我们也很难想象，曹雪芹在写这样一部伟大的作品时，没有剪裁，不讲究艺术表现的手法。《红楼梦》里有那么多的人物，那么丰富的细节，我们很难想象这些都是粗糙的、未经加工的“实物碎片”。《红楼梦》的作者最善于把典型人物放在典型环境里描写，在黛玉这个受着沉重的封建家庭压迫的少女身上，是充满了哀愁的。然而她也不是没有欢笑的场合的。而这些欢笑的场面，又往往紧跟着悲愁。这种有机的联系，如实地刻尽了人物的性格，比起单纯的照相手法来，不知道要高明多少。

在这里，很难更做详尽的分析，仅就以上提出的几点，也就可以看出，伟大的现实主义杰作《红楼梦》，与自然主义是毫无相同之处的。

《新民晚报》1955 年 1 月 29 日，第 3 版

外宾鼓掌论

挹松同志认为新创造的《三岔口》是经过几年来的舞台考验的。这是事实。

我想，几年来看过新《三岔口》的观众可以分为两种，一种是看过旧《三岔口》的老观众，一种是没有看过的新观众。老观众的意见如何，没有经过全面的调查研究，不敢确说；反正我自己就不满足，这总还可以保证。至于新观众，倒都是欢迎的，那原因也不奇怪。没有看见过太阳的人，篝火自然也是亮的。《三岔口》究竟是一出好戏，即使经过了这样大力的“创造”，依旧有着磨洗未尽的光彩，这也是事实。

何以见得呢？这样一出可以演四至五刻的剧目，虽然只压成了二刻左右，然而也还是保留了一些精彩的打法的。这在新观众之一部分，譬如巴黎人，看见钢刀一闪即担心鼻尖被削的巴黎人看来，怎样不为之惊心动魄呢？

这自然完全不奇怪。奇怪的倒是“有人认为戏出了国，得到了掌声，算是达到了国际水平。中国的观众就永远失掉了发言权”（余一同志的话）。

我想只要是清醒的人，都还能够分辨“外宾的掌声”的内容的吧，不能否认，这中间有许多是为挺立起来了的中国人民而鼓的；自然也为我们的精彩演出而鼓。同时这后一部分，自然也包含了巴黎人的那种“惊心动魄”在内。

如果把这种掌声，作为“经过了考验”的凭证，以为已经达到了国际水平，我看是十分危险的。应该向这些迷醉了的同志们及时地大呼一声。

有些人自以为是懂得外国人的心理的，甚至连外国人的胃口、眼色也都摸得准。譬如说，外国人说过“时间就是金钱”，于是就用“十三妹”里安公子的方法，“逢人只说三分话”，把该演四刻的戏压成二刻。以为这么一来就迎合了外国人的心理，保险能获得掌声，于是也就通过了“考验”了。至于中国观众的呼声，则相应不理，不是“保守”就是“落后”，帽子飞来，天下太平。这样的作风，不仅是天真，也是极端危险的。

我担心，这些同志有一天会成为断了线的风筝，虽然云里雾里，优哉游哉，但是……

《新民晚报》1956年9月16日，第5版

同学少年

这两年常常意外地遇见一些老朋友，有的还是三四十年前的老同学，走出学校以后就断了来往的，也重新见面了。握手之后，彼此端详着“鬓发各已苍”的颜面相视而笑，这笑的内容是复杂而丰富的，但总的来说是高兴多于凄楚，兴奋多于怅然。我在学校里是学工的，本来就不用功，更加抛荒了多年，现在是连简单的电器也不会修理了。想想前些年“四人帮”考教授、考专家的往事，真是捏着一把汗。如果让我也参加这种“考试”，交白卷是必然的。不过许多老同学却比我高明得多，他们为祖国为人民工作得很好，很有成绩。“同学少年多不贱”，在一次聚餐时我打听了一下，有的当了部里的副总工程师，有的是研究院所的主持人、名教授，职位最低的也是发电厂的厂长。在国外成为有名专家教授的也不少。国手名医也有一两位。……这使我感到光荣与骄傲。肩负着“四化”建设重任的千百万科技工作者中间，有些正是自己少年时的朋友，这是不能不使人激动的。

闲谈中间他们都问我的近况和别后的经历，表示了极大的兴趣。这也难怪，他们之间本来就有着这样那样的联系，即使不在一地工作，消息还是灵通的。只是对我这个改了行的朋友，所知甚少。即使偶然听到一些消息，也半信半疑，觉得好像是在听《天方夜谭》里的故事，难怪要殷勤地加以探问。不过这一时又哪里说得清楚呢？他们想了解我的经历之困难，正与我企图读懂他们的工程设计图之困难相同。但到底我们都是生活在同一伟大的时代中间，有着大体相同的感受，这就是能够使彼此了解的最重要的基础了，细节的差异毕竟是次要的。

多少年来我们形成了一种牢不可破的印象，仿佛科学家一般都是不问政治的。说到老一辈学者时也总是强调他们在青年时代抱着要使祖国繁荣富强的雄心壮志，但因在政治上看不清楚，所以枉抛了心力。只有到了新中国成立，才得到了施展抱负的机会。这个公式大体上也是真实的。有人还说过，科学家和武器一样，都是没有阶级性的，在什么人手里就为谁服务。这话不免过于机械也有些刻薄，但也不能说没有一点道理。电影里不是有过这样的情节么，一个“四人帮”的得力干将生病了，把挂着“反革命”黑牌打扫厕所的“反动学术权威”找了来开刀。可见在特定情景之下，政治和技术的标准也可能出现颠倒。

“学好数理化，走遍天下都不怕”曾经是风行一时的“口号”。前两年恢复大学招生时，重理轻文的倾向一时成了突出的问题。这一切，说明的都是同样的问题。前些年在牛棚里受着熬煎时，我自己就曾有过这样的“幻想”，要不是异想天开地改了行，那么现在也许就在什么车间里太太平平地抄着数据，过着神仙般的日子了。

这实在是一种没有出息而且非常危险的思想，越想越感到可怕。顺着这条路滑下去，那是会变成一个机器人的。即使是聪明的机器人，也一点都不值得骄傲，只能给人民带来可怕的后果。一个人没有思想，没有灵魂，不问政治是不行的。机器人就不问政治，也很太平，谁也不会召集什么机器人大会的。不过这难道是人们生活的终极目的么？

这种想法虽然已经孕蓄得很久，但究竟没有在老同学面前透露。同时我又知道，前些年他们的日子也并不好过，蹲过牛棚的也不是一个两个。至少背上都背着一口无形的黑锅，他们就是在这种心情下像机器人似的被使用了若干年，他们有着切身的体会，完全用不着我来“开导”。

这以后我就常常留心科学技术工作者的事情。有机会也想听听他们的议论。近来使我感触最深的是这样一件事。北京的一张《科技报》上对“爱国的知识分子”的一种特殊提法展开了热烈的讨论，来稿一百多件，发表文章二十多篇。参加讨论的绝大多数读者说，既然没有“爱国”农民、工人……为什么在知识分子头上却一定要加上这样的“规定”呢？我回忆，也曾读过那篇有名的文章，但并没有引起特别的注意，忽略过去了。可能是因为文章读到结尾，主要的意思已经说完，因此不去细看了；更可能是因为知识分子长期来受着奚落，现在称之为“爱国的”，看了已经十分满足，因而不去寻根追底了。总之，我实在并未细看，细想，没有发现任何不妥之处。这是真的令我惭愧的。从事科学技术工作的同志当然是细心的，但只是细心还发现不了这样的问题，更重要的是还能善于思索。他们用自己在社会主义祖国中所处的地位、肩负的责任、思想上的变化、进步……全面地进行了思考、衡量，发现了这种特殊的提法是不科学的。（当然，一定也有人认为这种提法是百分之百地正确的。）我看这并不是一件小事情。这说明，文学家艺术家不少人早已走出了“象牙之塔”；科学家也不再把自己只是关在实验室里，他们要张开眼睛看天下事了。也只有这样，人民的科学家们的积极性才有可能得到充分的发挥，社会主义祖国的建设才能有真正的希望。

1981 年 9 月 19 日

人　日

今天是正月初七，人们习惯上称为“人日”的日子。下午天气很好，我到医院去看望巴先生。推开病房门，看见他像往常一样坐在临窗的藤椅上，穿着白绒布短上衣，头上戴了一顶深咖啡的绒线便帽。他看见我进来，就说：“我看见你写的那篇《翻身》了。”接下去，他眼睛里忽然闪出了一点“调皮”的神色，说：“今天早晨我又跌了一跤。”

这是使人吃惊的。三个半月以前他跌了一跤，跌断了腿骨，在病床上一动不动地睡了两个多月。刚解除了牵引，正艰难地学习走路，连翻身还办不到，动一动都要靠人搀扶，怎么能又跌一跤呢？我就向小林打听那详细的经过。早晨，他起床后活动，一个人扶着床栏站着，站得很好。护士长正在整理床铺，房里的人都去帮忙了。这时，他想在后面的一把椅子上坐下来。椅子不大好，一下子没有坐稳，就又摔到地上了。护士长她们大吃一惊，连忙扶他睡上床，量血压，听心脏，一切正常。这才放了心。这次摔倒时着地的正好是上次骨折的部位，据说，重新愈合的断骨是不容易再断的，要断也将断在别的地方。我想，这倒有些像焊接的金属件的情形。

小林在介绍了情况之后，取笑他说：“爸爸爬起来以前抖得好厉害。”他否认，说并没有像她说的那么厉害，不过当跌下去时，确曾一下子闪出过这样的念头：这下子可完了。“再在病床上睡两个月，大约是受不了的了。”他笑着说，好像一个顽皮的孩子淘了气以后没有得到惩罚一样，甚至还有点得意。

“送你一本书。”他说。书放在病床旁的小几上，我拿了递给他。又从小抽屉里取出了笔，他要在扉页上写两个字。他手抖得厉害，我为他托住了书脊，这就好多了。他签好了名，写下了日子。很流利，和平常没有什么不同。

这是一本新印成的《怀念集》。

藤椅边上放着一叠信件。他用右手困难地抽出一封来，打开信来看，仔细地看。然后放回去，再颤颤地抽出第二封信……这中间有朋友的来信，也有读者寄来的。他一封封慢慢地读着这些信。

他在慢慢地吃小汤团，芝麻馅的宁波汤团。他用小汤匙舀起了汤团慢慢地送进嘴去，慢慢地咀嚼着。

吃好汤团他要练习从藤椅上坐起来。

这是一把大藤椅，他坐得很深，两脚碰不着地面。他只是用双臂按着扶手想站起来。他用力，两眼盯着前面，他用力，双臂在发抖，闭紧了嘴。

1983 年 2 月 19 日

《壮岁集》跋

凡兄有诗草一卷，间尝语余，他日付刊，请为撰一小跋。月前乃以全集清稿见示。草草读一过，掩卷沉思，慨然兴感。凡兄为名记者、新诗人，早日有《往日集》，惊才绝艳，流誉人间。而晚岁更得旧体盈帙，琛奇瑰丽，夺人目睛。是固贤者无所不能，然取径虽殊，初怀不异，一字一句，皆于性情中流出，乃能动人，此理固不易也。忆与兄初识，在一九四六年，时皆年少，握手欢然，宛如宿识，杯酒论文，狂言惊座，前尘影事，恍在目前。而三十年来，相见不时，岁在丁酉，遭逢蹉跌，亲知交绝，谈笑无人。乃于此际，得兄远道问存。天末故人，临风怀想；涸辙之鲋，珍此呴沫。尝以定庵赠粤人黄蓉石“不是逢人苦誉君，亦狂亦侠亦温文”赠之，窃以此二语可尽兄之丰神心事也。此集中多感事怀人之作，老师、宿儒、巾帼、奇士，来兄笔下，宛转可怜。而四十年来，时世迁流，民生荣瘁，亦往往于此见之，推为诗史，谊可无辞，固个人亦时代之小沧桑也。是当善校精镌留赠后人，此意曾于香江重晤时，郑重言之，愿兄勿以闲言语视之也。丙寅十月二十九日黄裳谨记。

1986 年 10 月 29 日

老烈《京剧诗、书、文、画》序

从小喜欢听戏，也常看一些谈戏的文章。那多半是一些老气横秋的剧评剧话之类。往往一上来就摆出他曾听过谭叫天、陈石头等的光荣历史，接下去就是对当前舞台上演员的雌黄，这也不合老规矩，那也不遵旧传统，总之是今不如昔。有时候偶尔也有些“学术争鸣”，记得《打渔杀家》中萧恩唱的是“父女们打渔在河下”还是“在江下”就讨论了不少日子。对这一类的剧话，我是很不喜欢的。

四十五年前一个偶然的机缘，我在日报上开辟了一个专栏——《旧戏新谈》，居然排日谈戏，真是只有年轻人才有的非凡的勇气。一开头就对旧剧评家表示了自己的不满，当然也透露了想改弦更张的意思。无奈自己是一个完全的外行，对京戏的种种法则规律毫无所知。弄来弄去也只能写下一个热心观众的观感，有时候又往往写到戏外面去，变成对现实的讽刺与抨击，结果成为一束以谈戏为幌子杂文。同时却也发现了一种奇异的现象，京戏中间无论有着怎样浓郁的教忠教孝的意识，但同时也无处不流露着对世事的尖锐而深刻的揭露与批判，闪烁着思辨的火花。剧本出于无名的剧作家之手，由演员在舞台上演出，供广大观众欣赏。事实上这是剧人与观众共同的创作。没有观众的认可，它是不可能以传统的样式存在的，说到底它其实是反映着中国人民世界观、人生观的艺术品。从“五四”以来有不少人都反对过旧戏，但少有人能看出它的这种认识作用，实在是值得遗憾的。离开了旧戏，人们就缺乏一条便捷的渠道领会旧社会的现实和那种超阶级的升官发财的腐败思想，自然也就无从听到剧人对此发出的斥责声音，所以说反封建离不开旧戏，实在并非无稽之谈。

前些时到安徽亳州去了次，这是曹操的故乡，城外有曹氏宗族墓葬的遗址，城内有传说是曹操当年筑就的地下运兵道。又有一处花戏楼，完好地保存了大量精美的透雕砖塑，其中有十来出三国戏，曹操曾屡屡出场，但十之八九是出洋相的节目。在曹操的故乡，出现了这许多讽刺批判他的舞台艺术形象，不能说不是一种有意思的现象。曹操虽然是个大白脸，观众却觉得这个反面人物有点可爱，活生生的，好像至今也还会碰到的真实的人物。世上白脸虽多，像他这样坦直的却少。他因误会而杀了吕伯奢的全家，犯了大错误，事后并不为自己回护，反而发出了“宁使我负天下人，勿使天下人负我”的坦率的宣言，这就不是人人做得到的。他错杀了蔡瑁、张允，但立即醒悟并改正了。马踏青苗，割发代首，玩弄的虽然是样术，到底公开承认了错误。他的缺点错误都摆在观众面前，在舞台上他是被当作真实的人来描写的，这是曹操的幸运，也是出现在戏曲史上现实主义的胜利。

欣赏、评论古典戏曲，也只有遵循这一条正确的途径，才能取得应有的收获。近年来经常在报上读到老烈的评戏文章，作者虽然自谦为“外行”，其实是深深懂得京戏的里手。他不是单挑，而是全梁上坝地动用了诗、画、印种种艺术手段，以狮子搏兔之力抓住每出戏的节骨眼，加以分析、评论，使读者如在剧场，笔飞墨舞，点到为止，而全体俱活，有余不尽，不能不说是一种崭新的创造。在评论之余，作者还提到演员，多半是今天舞台上的精英。不能不使我感慨的是，当年曾在我笔下出现过的艺人，绝大多数都已退下了舞台，三十年为一世，何况一晃就是四十五年。像许多地方戏曲一样，京戏今天也陷入不景气的困境，被有的论者称为夕旧艺术。有心人也提出了不少意见，力图振兴。我想戏是活在演员身上的，过去人们口头上不说看某戏，而说听某角，就是这个道理。近代的戏剧评论，从《菊部丛谭》开始，主要也是名演员的传记汇录。抓紧时机，加强戏曲教育，培养一大批新人，从他们身上使京剧的优良传统得到继承，进而发扬光大，才是今天应该努力进行的、建立在坚实基础上踏踏实实的工作。那么，老烈在九十年代问世的书也将成为继往开来有历史意义的著作的吧。

是为序。

一九九二年一月六日

《随想录》推荐信

八十九岁的老作家巴金用了八年时间，在衰病之余，奋笔写下了一本说真话的书。巴金把自己的笔当作火，当作剑，歌颂真的、美的、善的，打击假的、丑的、恶的。他总是希望用作品对国家、对社会、对人民有所贡献。作家和人是一致的，人品和文品是分不开的。巴金勇于解剖社会，更勇于解剖自己。他交出了自己的心，因此也获得了广大读者的心。《随想录》出版后引起的巨大反响就是最好的证明。这是新时代最重要的文学成果，是情深意挚的散文，也是尖锐泼辣的杂文；是燃烧的木柴，吐丝的春蚕，为人间带来了光和热。

1993 年

往事琐记

近来一些重要文化机构，都根据旧存文献资料，编印近代名人手迹，是很有意义的工作。所见有两种，各具特色。其一为中华书局收藏的《现代名人书信手迹》，收自齐白石、吴稚晖以次凡三百零六家之作，异常丰富，可当一代大观。其三〇五则为“黄裳”作。我曾在此书初版中见过，以为系同名作者笔墨，笔迹及书信内容皆与我毫不相关，而附注说明则全是我的。一笑而罢，未有写信请求更正之意。正如扬之水所说，以“微不足道的角色”（见《〈读书〉十年》第二册）不必多事宣扬，以沉默待之为宜。直至今年三月新版问世，依仍旧贯。大概出版方也觉得可疑，这才来见问，因而解决了长久的谜团。看来中华书局谨慎保存旧有档案是难得的，不像有些机构，视旧档如敝屣，一脚踢开，造成新的大损失，为可痛也。

我还见过复旦大学同类的一本，编辑体例不同，所选以曾在复旦大学任教、读书和别有关涉的人物墨迹为采用对象。如许绍棣即以校友的资格见收。此人以国民党权要知名，曾官浙江教育厅长，以《语丝》曾有批评复旦文字，发布通缉“堕落文人”编者鲁迅的指令，其后又成为郁达夫《毁家诗纪》中主要被谴责的第三者。像这样的人物，是不容忽视的。他是现代文学史中的重要关系人物，他的手迹就保存在这里，成为难得的文献。

人民出版社二〇〇二年版《胡乔木书信集》收了一通寄给我的信，说及西湖清墓事。我是不赞成将秋瑾、曼殊等人遗骨扫数迁移的做法的。西湖边曾有过许多墓园，大浪淘沙，一一自然湮没了。剩下来的自有其留存的理由、价值，是得到人民的认可的，用不着采取断然处置手段。乔木也同意对此重做考虑。原信后有关于我的附注，有“曾在扬州中学与胡乔木同学”一句，全非事实。也因同样的理由，没有发函更正。

近读（韩）申东顺撰《在“说”与“不说”之间》（中国传媒大学出版社二〇一二年五月版），这是一本研究“一·二八”后上海文化界状态的书。其中有提到我的一节（二二二至二二三页）：

> 一九四二夏季大学毕业后，他使用《古今》预支的稿费，潜离上海，奔赴大后方。黄裳在《万象》上发表的通讯，最有影响的是他的《两都赋》……是《万象》特约通讯……有“信手拈来，都成妙谛之感”（见柯灵

《编辑室》，三年六期）。

一九四二年我在《古今》上发表了多篇文字，用以集攒旅费，不是一次预支所得。当时我在交大只读到“大二”，没有毕业，是到重庆九龙坡交大去续学的。这两处都与事实有些参差。申先生提出我的未入集的佚文共四篇，尚待考定。又对我的通讯多有好语，在这里都略去了。

关于我的笔名的由来，一直有种种不同的异说，大家不以为无聊，说之不已。近读扬之水《〈读书〉十年》第二册，发现新说出之于范老板（用），更有别趣。文云：“陪郑逸文一起走访范老板，听他讲起，黄裳曾追求过黄宗英，事未谐，黄便说，‘那么我做你的衣裳吧’。自后果真改名为黄裳。”（一〇七页）

在种种异说中，这要算是最有诗意的一种了。但都离不开齐东野语之列。日前偶然翻到抄去发还的周作人的《夜读抄》（民国二十三年北新书局初版），扉页有我钢笔手书题记一则：

> 《夜读抄》初版本已有一册，此册见于徐家汇之书店中，纸墨精好，乃又买之。亦足见愚对知堂老人散文向往之深也。睹旧京近事乃更不禁使人怅然。黄裳记。

“旧京近事”应属周作人出席某种会议，而非后来出任伪职事。其时我已使用这个笔名了。不知能做一证以解众惑否？

二〇一二. 五. 六

《东方早报》2012 年 5 月 27 日

采蓝集

《采蓝集》，扬之水著。未名社丛刊之第二种，2007 年 9 月刊，不盈一握的巾箱本。扉页、封底皆有“终朝采蓝，不盈一襜”之题词。版权页有作者手制印花，中有仕女图及“扬之水”朱红小印。颇似郁达夫《忏余集》所制。前序后跋，一一具备。书为作者以簪花格手书于套色花笺上，凡周清真词十七首、温飞卿词四首。每词后皆有作者阐说及笺注，详略随宜，新义迭见。近来于古诗词多有“赏析”之作，集诸家之说成为词典。议论纷纭，乱人心目。或众口一词，浸成共识，都不理想。像扬之水这样独抒己见、启人心智的做法，颇不多见。凡有论说，皆常年玩索所得，非命题成文，仓猝完卷者可比。笺注部分，亦多年积累所得，有乾嘉朴学的影子，也有新时期比较文学的痕迹。新鲜别致，读之意远。

周词所选，有名篇巨制，说来话长，今取一短章名作，少加玩索，即《少年游》是也。

并刀如水，吴盐胜雪。纤手破新橙。锦幄初温，兽烟不断，相对坐调笙。

低声问："向谁行宿？城上已三更。""马滑霜浓，不如休去，直是少人行。"

此词，人多说原有本事，宋人笔记中多记之。近代名家如王国维的《清真先生遗事》、大鹤山人（郑文焯）的《清真词校后录要》都有所征引，也都加以否定，王、郑两先生仅凭"正史"，怕是难以考定，都用美成生平行迹、岁月作证，如王说，宋徽宗微行妓家，"始于政和，而极于宣和。政和元年，先生已五十六岁，官至列卿，应无冶游之事"。道君皇帝的"微行"，始于何时，靠正史是考不出的；至于五十六岁即不再冶游，更非学人言语。扬之水说："此词大抵成于周邦彦青年时代留居都城汴京的时候。"实际上已将前代学人的驳论否定了。

看来这是当时口耳相传的一件小道消息，否则能有那许多宋人笔记加以记录？至少那原始故事必有所本，传来传去，加油加酱，有些衍生部分显然都是"齐东野语"无疑。但人们对皇帝微行之类的故事有非凡的兴趣，则是事实。看京剧《游龙戏凤》之受到高度欢迎可知；看到学人文士对一些前辈大家身上的"污点"，都拼死命地为之辩诬、洗刷可知。其实他们往往做的都是煞风景的蠢事。

近来的“梁林事件”很热闹了一阵，照例像陈梦家故居被拆事件一样，嚷嚷一阵也过去了。像西班牙公牛似的地产开发商又怕什么？罚款五百万，连一根牛毛都不是，大爷有的是钱，三十多年来好端端的一座北京城，还不是顺手一划拉就给弄得面目全非，又何止什么“梁林故居”，不过给一些古建专家提供一个机会，再重发一通牢骚套话而已。再说，咱不只能“拆迁”，还善于“复旧”。要么给你在高楼丛中，造一座二十一世纪“梁林故居”就是。谁说是假古董？再过五百年，要是还依旧存在，谁敢不顶礼膜拜，不认是五百年前老前辈亲手制作的二十一世纪真古董，你这不肖的子孙！

如果用同样的胸襟、心情来读周美成的《少年游》，你会发现，这不只是一首词，而是一篇用音乐语言写成的短篇小说。作者惜墨如金，可又放笔直写。绝不吝惜。少年周邦彦正在李师师家闲坐，忽然报说，道君皇帝来了，一时惶急，躲在床下，只见皇帝老倌手执一枚新橙，从容步入说道，“是江南刚进贡的”，李师师备下“并刀”“吴盐”，接过橙子来亲手剖开，一阵橙雾喷来，中人欲醉，主客笑谑中吃橙子。其事有甚于对坐调笙者，略之。床帏在寒夜中显得格外温馨，有从炉中飘来的一片氤氲。这是写景，有人物，有动作，有情节，有对话，但有些是暗示的。下片全是李师师的话，是实写，但有层次，先是问“今晚你在哪里歇?”轻轻的，不能高声。接下去是说寒冬深夜，马滑霜浓，这可能指实道君是骑马经由内城马道来的。说到这里，李师师迸出一句娇痴的声诉，“还是留下吧。大冷天谁还骑马夜行！”俨然妓家留客声口，如闻其声。

这一切，都为周邦彦听个正着，拿来写入词是白描，有选择地写实，完成了一首生香活色的名作。词人和流传众口的北宋平民，对这一切是当“佳话”看待还是别有意蕴，不得而知。

扬之水在笺注里说“并刀”、说“吴盐”，引用了许多前人旧句，对比，求解，处处都有钱默存的遗绪，这是她的“少作”，为了好玩，印成少量自娱，却处处流露出此后研究进展的路数，因而值得珍重。

2012 年 2 月 18 日

《文汇读书周报》2012 年 3 月 16 日，第 8 版

唁　辞

汝昌逝矣，七十年故交，一旦别去，怆痛何如。吾二人缔交于《红楼》一书，历数十年而不已，然一在门内一在门外，所得各异。汝昌之惊人巨著为《红楼梦新证》，诚为体大思精、殚精绝力之作，亦奠定新红学坚实基础之作。继此以往，更有校勘盛业，聚诸脂评本而汇校之一字一句，莫不究心，成书数十巨册，此“死功夫”无人能继也。其注意之点在历史，国史、家史，综合而研究之，而得结论，人不能移。汝昌有关《红楼》杂著多矣，其论文精粹唯《献芹集》，其中尤以《家世丛话》一文为白眉，实清初历史之钩玄索隐也，惜未终篇。《红楼》之出现于清乾隆中，实为当时政治经济万般世相得以全面呈现之百科全书，以绝世小说文学视之，实未尽其用。此“曹学”“脂学”“探佚学”歧义渐出之源，实亦汝昌研红别创之新局，开阔研究局面之新猷也。汝昌平生以治“红”为唯一专注，平日所思所想，无不围绕此一专题，可称曹雪芹之异代知己、忠实追随者，爱之甚恋之深，有所谓“如痴如醉”者，晚年耳目俱废，诸缘几尽，惟以思索探求红学为职志，奇思妙想乃间出，如全书为百零八回，贬高续为恶札，斥“程乙本”为劣本……评论所及，虽前辈如胡适、俞平伯诸家亦犯颜直谏，不少避忌。“红学”如战场，锋刃交加，有出于意想之外者，汝昌处身其中，能全身而退非易事也。汝昌善与人交，不弃新知，于后辈善为提携每有见解违异者，亦过而存之，不搞小圈子，能听不同意见，学人风范，于此见之。晚岁不能执笔，口述为文，勤勉如昔，可谓死而后已者是矣。如此学风，足资共鉴。斯人已矣，虽百身而何赎。故人长往，聊以片言以赠其行。

弟黄裳顿首敬识

2012 年 6 月 2 日

注：刊于《文汇读书周报》2012 年 6 月 8 日，系黄裳生前公开发表的最后一篇文章。

信札

致巴金

李先生、蕴珍：

在此曾寄一信想已收到。北京太可爱了，越住越不想走，大约还得再等十天。前两天东奔西跑，拜客请客，今天才空下来，可以自己玩了。去看沈从文一次，不在，未遇见。在玉华台请客一次，来者二十许人，自府委部长至大学教授，济济一堂，谈到两小时才散。老舍大喝酒，大谈林语堂、胡适，还当场唱大鼓，甚妙。圣陶兴致亦好，遇见冯至，《杜甫传》将杀青，不知平明仍需此稿否？东安市场详细巡视一遍，《屠格涅夫全集》只有（三）一本，法文图书馆尚未去，酒在哪里买，请告。

天气好极了，晴暖，无风沙。外面走走，开心之至。今天搬到潘家来住了。太阳满室，看看书，写写信，实在比上海生活来得有意思。晚上去听尚小云，新戏，大概不灵，谭富英《打渔杀家·公堂》一段，大讲新词，连他自己也脸红了。妙甚。再谈，祝好！

黄裳

（一九五〇年）一月十四日

巴先生：

收到两份剪报，又一张样张，先寄给你看看。《记巴金》一文据说将连载三星期光景，可惜有错字。我已告诉他们剪一份全份给你。

际坰又催我向你约稿，费彝民也很希望《大公》有你的文章。身体好时，随便给他们写点什么吧。

柯灵如来谈天，也希望讲一句，为他们写点东西，我已另写信去了。

你的照片，是否还能找到过去的，有一两张也好，因所寄五张都是最近的，要较后才能用上。

过两天来看你。

祝

好！

黄裳

12/10/78

致百花文艺出版社

百花文艺出版社：

最近友人见告，拙作《黄裳散文选集》于 2009 年 6 月由贵社出版后，迄今已二版二印，从未接到贵社通知及样本及版税，为保护知识版权，甚望贵社检查账目，予以处理为荷。

此致

敬礼！

黄裳

2011/9/24

因不知通讯地址，故请代转，又及。

注：该信札黄裳请天津《今晚报》张金丰先生代转百花文艺出版社启。

致曹度

曹度同志：

信收到，刊物明年改版，很好，希望有大改进。承约稿，一定如命，好在时间尚早，总得写点什么，但好却不敢保。

安徽一直想去，但一直没有机会，也没下决心，滁县大约是不会去的了。希望找个机会横贯安徽跑些地方，如太平天国战争的几个点，如徽州、屯溪……看看还有旧书可买否。总有机会的。

黄永厚近来做些什么？也久未通信，见面请问候。

匆问

秋安！

黄裳　（一九八二年）八月廿五日

曹度同志：

久未通信，时在念中。贵刊明年改版，原想投稿一篇，惟近来少忙，又因原拟之题想来不够成熟，因此迟迟未能动笔。时以为念，更觉歉然。

近拟就所藏黄山诗文等旧籍写一读书记，或较有趣并有本地风光。然恐在下几期中始能投稿矣。无任歉仄。

新印译书一本，系多年前旧译，重排者，检奉一册乞哂正也。安徽文坛近状如何？暇常盼通讯中少告一二。

匆此即候

撰安！

黄裳顿首　（一九八二年）十二月五日

致曹纪平

纪平先生：

赐信敬悉，承好意为我印制明信片，愧不敢当。如印行，背后望不写小传之类词句，并选用华君武所绘头像为佳。

匆复即请

刻安

黄裳　三月廿五日

纪平先生

海内存知己

天涯若比邻

黄裳

致常君实

君实先生：

信收到，复印费也收到了，请释念。

吴晗解放前经我手发表在文汇报上的文章，记得只有文教版上发表的《旧史新谈》三两篇（不是浮世绘）。

《历史的镜子》和重庆印的《明太祖》我本来有的，抄家后发还书籍中不知有此二书否？我的书既多又乱，胡乱堆在一起，实在无法寻找。《文艺复兴》我没有，但似不难找。除北图外，另外各大图书馆想都有藏，可以问问。又《人民日报》的姜德明同志，收藏解放前的旧书杂志甚多，您也不妨问问他。

我已离休，不到报社。社中多是少年，也无朋友，辜试问一下，成否未可知。实在抱歉。

匆复即问

近安

黄裳　（一九九八年）九月廿四日

文艺复兴文，另托陈子善君为复印。

已函托华东师大的陈子善和《文汇报》的陆灏两位，希望能找到一些。

君实先生：

惠函奉悉。

久已听到您在三联编了不少好书，钦佩之至。

兹将所藏吴晗遗札若干件及手稿《闻一多的手工业》一份，复印寄上。其有信封者，均在复印件上注明收到日期，有些已无信封，但总在1947—1948年之间，解放后信，只存一二件，抄去时已被抽出作为“罪证”了。

恐怕您还得费一番功夫整理，如有疑问，希示。

复印费收据一纸附呈。

希望此书能早日杀青，并快先睹。

匆此即问

近安

黄裳上　（一九九八年）十月八日（?）

君实先生：

得赐信，敬悉一切。《吴晗全集》近将出版，可喜事也，承命为此书作序，甚感惶愧。我与春晗，为忘年交，谊在师友之间，其实来往不过三数年，于其身世，所知殊少，如勉强执笔，将成一篇旧事杂忆而已，不能成序，熟思久久，敢以鄙意奉报。此书之序，当由合适人选执笔，如有时间，或将撰一文，为后记之类耳。

匆此敬复即请

冬安

黄裳

〇七．十二．十三

君实先生：

遵嘱将序文赶出，寄呈审定，不知能用否。我已三十年不动毛笔，题耑之事恕难承命，乞恕。文章拟找合适地方发表一下。

寄下材料，看毕付还，请收。

匆祝

近安

黄裳上　〇八．一．廿

文章有不妥处或征引文献错误处，乞正，并示。

君实先生：

惠函收悉。

匆匆落笔之文，竟得赞誉，悔感交并，谢谢。

尊见三点，奉答如下：

（一）题名即按尊意，于书中照尊见办理，在我，则先写一篇散文，且已寄出，拟仍照原样处理，乞谅。

（二）文章开头拟删之一段，鄙意以不动为好，我的文风如此，删去文气即不贯了。我绝无您所怀疑之意，只是感慨旧交零落、人事变迁……其中有情感，不可删也。

（三）关于吴晗回北平时期问题，此文非传记、年谱，可不详加日月，只求大体合于实际即可。我拟不必加，如尊意愿加，我也不反对，但文气不连贯了。

此外，不知尚有他处需修改否？

我耳朵不好，打长途电话听不清楚，也讲不明白，还是写信好些。

匆覆顺叩

年禧

黄裳　08/1/31

君实先生：

前承命为《吴晗全集》撰序，曾寄呈审阅，曾得赐书，有不同意见，惜已付《读书》刊发，未及改定。

今从报上知《吴晗全集》已出版，弟近不出门，未能得见，不知拙序是否采用，抑或有所删定，颇念。今特乞请赐知一二，至盼。

匆此即叩

近祺！

黄裳上

09/6/3

致陈子善

子善兄：

手教奉悉。

施老逝世，早想写一篇文章纪念他，因懒未能着笔。得尊信后夜半梦回，忆念旧事，写了一篇东西，今以一纸呈览，看看有无毛病，所说有无错谬，有无错白字，为感。

又想搞一笔竹杠。贵校出版社出有黄永年著《学苑零拾》一书，请买一本见赐。

山东画报事，没有问题，自当同意。

匆问

教安！

黄裳　06/3/16

此文拟寄《读书》。

子善兄：

评讲会承兄及李辉热心安排，我毫无匡助，惭愧之至。与会人兄当自有安排，弟闭门索居，交游零落，海上刘绪源、陆灏等想都已约定，王元化先生素相知闻，惟近日病困，不知能一顾或撰文否？请以一笺寄之。又有青年读者，闻讯意动，并欲参加，他们都是我的读者，且非泛泛。在首都报社、新华社、大学工作，亦有剧作者。我甚喜与青年读者往来，以读者群不限于老辈而深受鼓舞。他们想与会者五七人，望兄致一笺与《光明日报》荆时光君为幸，会期已近，匆匆写此以致慰问。不敢言谢也。即请

撰安！

黄裳上　○六．五．三

子善先生：

手示奉悉，令堂病状有起色否？为念。

“津派”一说，只是急然想起，承予同意，欣慰之至。

《曹禺全集》已出，我未前知，文成遂加“未能满意”等类字，加以补救，不料仍为您看破，奈何！

“评论集”已交出版社，您于百忙中，做此不急之务，感甚。元化题词不知已置书前否？为念，匆祝

刻安！

黄裳　○七．四．七

致杜运燮

运燮兄：

昨夜和我的老伴刚从南京回来，就接到你的信，真是非常的意外与高兴，在南京，吃了“马祥兴”，就想起和你一起游金陵的故事，我还把你写进了杏花村一文中，请你作“遥指”之状……这些旧事一一上心，在南京又去杨静如那里谈到你，我还问你的住址，不想回来就发现你的信放在桌上了。

过去十来年你的情况，我并无所知，也不打听，一切可以想象得之，杨苡说你的爱人去世了，很难过，不知有新的发展否？在报上读你的诗，看到了你出国访问的消息，倒是很高兴的，大概日子还过得不错，《环球》销路甚好，我一本也不曾看过，我想还是大有作为的，为青年服务是最有意思的。

在南京，拿到你们的《九叶集》，印得很漂亮。看了你的自传，很好，没有排列一大串官衔……使人看了如“宣传国史馆”的那种恶心。你送我的那本《热带风光》，发还了，我依旧珍藏着。

广告事，我想一定没有问题，等一会就去报社办理。这是照顾报社的生意，求之不得，何来开后门之说乎？

巴公昨天回沪，尚未见到，今天想去看他，人是比过去衰老了，但精神还好，头脑很清楚，这是最重要的。

说起朦胧诗，我的大女儿倒是崇拜者，常常对我说，艾青如何……我反正不懂，不加评论。我看，将来的世界总是年轻人的，老头子不必当绊脚石。当然，也应该适当地指引一下，但很难，石头与指导之间极易混淆。

写到这里，下面两点地位报告交涉经过。即问

秋安

弟裳顿首　（一九八一年）十月十九日

事已办妥，他们说希望你送两本杂志看看。

运燮兄：

信和杂志两本都收到。

你这刊物，我是初次看，但小孩抢去看了，说是他们那里最受欢迎的刊物（厂里），可谓有眼不识泰山。我看你这工作真是大有可为，天地广阔得很，又可造福于千万青

少年。

过去我们游金陵的故事，我曾写入《旧戏新谈》，请你用手遥指“杏花村”，此书你可能未见过，最近给江苏人民出版社要去，可以看到了。但慢得很，明年不知能出得来否？“美人肝”还是没有吃到，名字倒很有致，不过供应更困难了。

周作人的字我还有，是发还的，给打了红×，不成东西了。

《九叶集》是王辛笛给了一本，他的小传太长了，我与巴先生谈起，说还是没那小传的好，朴实无华。我的一本《诗四十首》也给辛笛借去，一借不还，一定面索。《九叶集》如你签名题词见赠，当然喜欢之至。

忙，莫名其妙，灯下匆匆写此，即问

近安！

黄裳　（一九八一年）十一月二日

我家地址是“上海陕西南路153号3室”，写信寄家中最好，我不上班，信件往往延误。

运燮兄：

《九叶集》收到了，是精装本，和我上次拿到的不同，谢谢你。我不懂新诗，可还是把你的那一分读了，仿佛又回到了三十多年前，那真是一些好日子，一见如故，东游西荡，谈天说地，现在这种“豪情”不知躲到哪里去了。可是还可以找回来的。

解放后只和你见过一面，留给我的印象可不大好。在新华社的宿舍里，我印象中那地方阴暗凄惶，好像从来就没有阳光，当时我们只不过三年不见，可是我觉得你好像老了十年。这印象很深，到现在还记得，当时我的兴致还好得不得了。

今天想想，也许你是一位伟大的先知。

我不能想象你现在的“风采”，老当然是老了，谁没有老呢？可是我猜你应该又是那种无忧无虑的神气了，当然不完全一样，怎么可能呢？但大体上总是如此的吧。

好的诗和好人一样，都会给人以感染，就像现在写信，也不是我日常写信的样子（我常用文言），不行啊，给诗人写信怎能如此呢？从你的旧日的诗里，看到了幻想和梦，和流在年轻人血管里的血，烫的。我好久没有这种兴致了，而这是极重要的，只要不敢下笔，任何时候都不能没有这种激情。

这就是我想向你表示感谢的话，你的诗帮助我唤醒了过去的……不论人家怎样说，怎样看，我们自己是珍视着的。

你大概忙得连做梦的机会也没有了。这可不是好事，因为你还应该继续写下去——诗。

也许这猜测完全不符合实际。

好！

黄裳　（一九八一年）十一月十三日

运燮兄：

那篇《朦胧》被你看到了。这样的小文章，在国内发表也不容易，因为总要碰到谁，而且人们也不习惯于“说笑话”。但在大公报上却无妨，而且效果也不差，有些人包括大人物，是很注意的。

前两天杨静如写信来说，江苏人民出版社的副总编章君，为《九叶集》的出版，还不得不在会上顺便“检讨”了几句。这真有些可笑，章君还写信给辛笛求救，要他把香港报上大量赞扬《九叶集》的文章剪下，给他作“后盾”，妙极了。

听说你还在不断地写，而且还有长诗，真是很高兴。什么都不要管，多写点作品出本（书）是首要的。

“河里子集”不是书，是一套短文的开场白，最近我可能有两本书要出，当寄奉。我的文字里无什么深沉的道理，只是有时说话不方便，只能加上些装点，因而“朦胧”起来了。因此得仔细地想一下，说起来也感到对读者抱歉。

糖，希望能早日吃得到，也希望知道消息，如有暇，就写信来吧。

匆祝

刻安

黄裳　（一九八二年）三月一日

致范用

范用同志：

今天在《文汇报》上得读大文并漫画像，甚妙，您大可写点散文，回忆录也可着笔了。《榆下杂说》封面当然欠佳，此社所出书封面皆俗滥，本来的一张大红大绿，被我反对掉了。换了这一张，尚不使人刺目也。以视兄所制装帧，何可比耶。毛边我仍有兴趣，也是考验受赠人的一法，不裁，就说明不曾读也。上海几无友人往来，较北京尤寂寞。罗孚上月来沪，倒见了两面，总算得归香岛。

巴老如昔，健康不好不坏。前两天他对我说，还想写一本小书，这是好消息。《二叔》那篇文章是他近两年来唯一的一篇，写了大约有一年吧。《读书》不转载文章，这规矩定得无理，"勇气"云云，不知何意，岂这两句话尚不敢说乎？《读书周报》办得不错，他们还要给我开一次"著作展"，请汪曾祺题了字。不由官方出面，尚可接受。匆此即请

近安

黄裳　二月七日

范用同志：

信收到，谢谢您的安排。魏同贤同志想不久就会来到。收到当再告。

巴老最近动作仍不能如常，只能在病房里自己走一小段路，他有些急躁，但别人也无法帮助。我最近在《大公报》写了一段“海内得知己”，想已看到，就是想用这方法试写一点。此文他满意，曹禺也没有不高兴。其实还有许多内容不好写，可见写这种东西也很不容易。他出院休息一些时预备出去旅行，我本拟抽空陪他一起去，顺便写此书，用新事引起旧事，顺便介绍他的一些思想，但不知能否如愿否？也不知此法能作得好否？一切无把握。

那本《七十年代》在我处，并未遗失，我回来后，董桥与辛笛还要留着看。如不急，他还来后一起寄上。

关于马恩回忆的小册已收到，谢谢。

《榆》已校好，寄给秦人路同志了。匆祝刻安

黄裳　三月十三日

范用同志：

信收到。听您说旧事，感到非常温暖也很感谢。四六年那些东西居然还有嗜痂者剪存，这也是一种不同寻常的鼓舞。上海也有这样一个朋友，剪了两本“十年”中藏在洞庭山中老屋梁上，居然无恙，借了给我。这次编《金陵五记》，就是据以转录的。《集外》已经拆了一本，说好用完仍还来，再订起来。将来如编集需要时，再请您复印吧。

《山川·历史·人物》印得不坏，错字不多，大为满意，实出意外也。我也发现两处错误，总之是不多。港店工作效率甚高，大为佩服。不过这在那边，只是“常规”，到了这边，即视为“奇迹”矣。

《旧戏新谈》这次想补两篇，还有几篇太无聊，不收了。有一文在《大公园》说及此事，不知看到否？您所说真是内行话，无论如何，新印本总得改动改动。我是坚主不动者，但也无法一仍其旧，这大概也是“版本学”兴起的一个原因。

叶圣老已寄了一本。此外只送俞平老、钱锺书等几本。昨得钱默存信，照例大开玩笑，送我十六个字，并更正内容：

“顷奉……昔之仅窥豹斑龙爪者，今乃获覩全身。情挟骚心，笔开生面，解颐娱目，荡气回肠，兼而有之。愚夫妇得挂姓名，如登金榜，不胜愧谢。惟弟发已半灰，山妇发未全白，弟面色黄，而兄目为紫棠，是变《水浒》中之病关索为《金瓶梅》之王六儿矣。大著必传世，误尽千秋考据家。奈何奈何。呵呵。”

他的信几乎每封都是这样有趣的，可惜不能发表，这里抄给您看，当然不必为外人道，那些捧场话当然不可认真，但妙语如珠，则应与知者共赏耳。

《秦似杂文集》已收到，请转告秀玉同志，谢谢她。

匆祝

近安

黄裳

十二月九日

范用同志：

承寄来海外藏书家著作四册及三联纪念册一册，得广见闻，并获新知，极感。几本书都是题赠给您的，当妥善保存。阅后仍归××也。

巴金同志七日（星期四）夜间在书房内跌了一跤，骨折，在大腿根部，非粉碎性。他感到不能休息，痛苦而烦躁，但亦无可如何。身体各部分均正常，医生努力使之不伤风，以免感染肺炎。他深悔未能早日去杭小住，不然可免此意外也。为此，人大会恐不能来京开会了。知您关心他的近况，简单奉告，祈释念。匆致敬礼！

黄裳　十一月十一日

范用同志：

信收到了。非常感谢您接信后收了这两本书，还考虑要给《珠还记幸》以特别的照顾。真是非常感谢。

《鲁迅书简》的胶版套印本是不坏的，但价钱恐不低，而似要用大册，这就使我感到有些惶恐，文章分量轻了些。最初起意写这一套文章时，就想到香港印刷纸张都好，即使不用彩色版也是漂亮的。这是重要动机之一。因此，我倒是倾向于第二种办法。此文尚有十余篇可写，本拟收入第二册集子。现在就等全稿写好，在国内出一全本。因《晚春的行旅》如国内有出版社肯印，其制版都极可怕，不能用也。（《晚春》有此一部分，似也可引起读者兴趣。）

以上只是我的一些想法，如何处理，请您做决定就好，我没有意见。

《银鱼集》的封面处理也同意，有点系列性，非常好。

《榆下说书》校本在看，秦人路同志已与我直接联系了。

这次发还的书，全是劣本，且大半不是我的书，他们只找同名的东西还来就算交卷，而且还有些交不出卷来的，都藏在图书馆里。

巴老尚未回家，至少还得住一两个月，初七早晨又摔了一跤，但毫无问题。他血压不高。护士长在房间里，大吃了一惊。

董桥书已催辛笛，《七十年代》并未给我，当一并取回寄上。

知道您最近极忙，也很高兴。黄宗江来信说在给他出《卖艺人家》，很好。新书名很难想，还不如用原名为好。我那篇小文作“代跋”当然可以。

前些时陈凡来信说《榆》书前插图效果不好，问题恐出在纸张上，厚了些，因此反不清楚了，不知有无道理。匆祝

近安

黄裳　二月二十二日

范用同志：

收到您的信和秀玉同志的信，我觉得惶恐。我懂得您的意思，更深深感谢您的信任与鼓励。明知道事很难，也有试一下的野心。您带去那几种文学回忆录，真有珠玉在前使我望而却步之感，但不妨把我的一些考虑对您说说。

要写这样一本书，我的弱点与缺点大致为下：

一、我还说不上巴金的学生，对他的早年的种种知道得不多。我和他熟起来时，还很年轻。我见过他许多老朋友，并常常在一旁听他们谈话、争论，但当时根本没有去听，更不用说记。这一部分是许多人不知道也从未谈过的。不知道还能否说服他谈这部分的内容。如能有所突破，那将是有价值的，也是有意思的。

二、我虽然在他的鼓舞、帮助下译过几本书，但对他对世界文学……的修养与泛览，可以说所知极少。这一点，却是巴金的极重要特点。他看得极多，非常用功，记忆力强，学过许多种文字。他的藏书是非常多的（百分之七十是外文书）。他收藏的法国大革命的史料文献据说在远东是第一或第二位（或仅次于日本）。现在他已着手陆续安排“后事”，分批把这些书捐出去了。也许这是一个好机会。但在我补这一课是不容易的。

以上是主要的，知识方面的困难。

此外，因为从来没有想到要做这事，所以平时虽然见面无话不谈，谈也极畅，但总是过眼烟云，都随风而逝了。这是很可惜的。当然，这还有办法想，但要用功。巴金是很坦率的人，第一次小董写信来谈起此事，我就和他谈过，说困难，不好写，他说，不要接受吧。后来又得您的信，我又告诉他，这次他说“由你自己决定吧”，接下去又扯别的事了，并不因此而有任何拘束。他还说，想不到您把这事看得这样重。这一切，都使我感动，所以决心努力试试，但能不能搞成，实在没有把握。而且时间也完全说不准。我还有个“心有余悸”的问题，主角是巴金，但也是由我动笔的，我可没有他的威望与读者的爱护，不能不慎重。怎样写，也值得考虑，斟酌。

前些时，我又接了一本书的任务，为外文出版社写一本戏曲故事集，译成三四种外文出版。这也不容易，还没有写好三分之一。

此外还有两件工作：（一）把过去的文字《锦帆集》《集外》……还有不曾收集的散文一起编一本，非常希望由三联港店印成一本，像巴金创作回忆录那样大开本的书。（二）把过去三四年来所写的文字，除去《书林一枝》诸篇，也编成一集，想也编在“回忆与随想文丛”里。最近在香港《大公报》连着发表的一些记师友手迹的文章也想附在后面。因为那边印刷条件好，可以把原件制版印进去。

这两本书我不想给别的出版社，因为，最早是您提议印这书的，而香港印得漂亮，也快一些。不知您在安排上有无困难？如可行，我想近期就把这两本集子编出来。

《榆下说书》还是印得漂亮的。插图与文内无照应一点，一开始我也没有注意到。如这书有再版机会，再加补救吧。

拉杂写了这些，算是汇报。最后还是不能不感谢您对我的鼓励与信任。

匆祝

近好!

黄裳　六月廿五日

范用兄:

得手书，知喜迁新居，且与曾祺相近，这是好事。此公能饮，且善烹调，可以尝尝他的手艺。

《读书周报》想已见到，我有一文系答《读书》上××文者。甚出意外，《读书》发此文，亦不明何意，岂欲与我断交乎？×文写得实在太坏，题目是梅兰芳，主题则在骂我，遍读我谈戏旧文，只找到三四条对梅“不敬”之片段，实皆无关宏旨，且用“这位作家”“有人”等含沙射影，读之真令气短，我与×系五十年旧交，近年少来往，不知因何逢彼之怒也。闻他又写一文，将刊《周报》，辞气更厉，我亦尚未见也。

您的旧藏书都付中国书店，真可惜了，如交文学馆，岂不可成一“范用文库”乎？上海大热，已近月，尚无凉意，巴老已装空调，我则未装，每日赤膊看闲书而已。

匆此即问暑安

黄裳　七月四日

范用兄：

承远道存问，并赐佳茗，感荷无既。月前去杭州小住，归来小感不适，又误服某新药，发高烧一日，旋即平复，致劳京友远念，不安之至。

近上海人民出版社欲为我出文集，因他们办一东方书林俱乐部，读者欲得我的书甚多，而《榆下说书》等，十年不印，因想编一文集，我写信通知三联编辑部，告以此事，得回“信”，在一广告上用铅笔草草书二行，说四书存书久罄，亦不欲再版，寄来书目，请选购云云，不知所云。弟与三联，关系不可谓浅，今竟以此种态度相待，实令慨然。此事聊告兄一笑，不必过问也。

闻陆灏告，兄近来不良于行，甚念，但望善珍摄，为祝。即请

冬安

黄裳　十二月十三日

范用兄：

贺年卡收到，谢谢。

《金陵五记》一册早收到，不知当寄何人，信中亦未说及，书暂存我处。

最近河南省友人，介绍三联郑州经销处，说他们拟重印久已绝版之解放前散文，拟以《锦帆集》等四种付之，不知能成事实否？如能再印，则大好事也。

日前三联来沪举行座谈，弟说了些不中听的话，想非诸公所喜，尤以三联出书之乱而无序，感触甚多，不禁想到阁下之作风，以为诚不可及。三联将起广厦，不知金玉其外，将以何物充实其内耳。

匆此敬贺

年禧

黄裳

十二月二十八日

范用兄：

前闻为自行车所伤，入院治疗，甚以为念。听陆灏来说，他在京曾奉访，已可扶杖而行，颇慰。尚需加意疗养，早日痊可为幸。

巴金近因背痛入院，系脊骨压损，闻将卧床两月。老人多为此事所扰，如何，如何。

陆灏为东北一教育出版社编一套书，拟将我的《锦帆集》《关于美国兵》收入，此大快事。此书均由你编入三联计划，然终遭退稿，今得出版，可告慰矣，想亦同为高兴也。

冬寒乞珍摄。匆祝

痊安

黄裳　十一月二十二日

范用兄：

手书奉悉。《留梦集》亦收到，装帧清雅，在近时出版物中可以说是精品。您要写文章谈装帧，大是好事。适《文汇读书周报》编辑见访，即以此事告知，请他即函请命笔，望能早日得读为快。

近《旧戏新谈》重印，亦以一册奉承，封面仍不脱俗艳，但比《春夜随笔》似较佳也。

三联老书久不重印，《榆下说书》早说重版（在十年前），至今未果，实可恶之至。今借散文热之光欲重印九十种，此书不知在计划中否？

兄骨折何以延搁如此之久，二月中当不能出门。

夏公果已逝去，深为痛惜，其《懒寻旧梦录》续编不知已有多少存稿，不妨续排，连前书一起印之，亦好事也。

匆复即请

痊安

黄裳

二月十一日

范用兄：

收到您的信，十分高兴。近来心绪甚劣，亟盼得朋友信札也。我现在生活已入正轨，小女同住，照顾有人，一切都好，请释念。

十月出版社丁宁女士早约我写一本自述，一直未能下笔。也许明年可以起手。近来在整理抄写我的藏书跋语，尚未讫功，有一本书跋已交上海古籍了，明年可出。

曾祺弃世，在我们老朋友都感到十分可惜。他的文集给我一个编委名义，我当引为光宠。我前些时在《羊城晚报·花地》发了一篇《关于王昭君》，也是抄汪曾祺的一篇遗札，不知见到否？似可编入文集（指原信）。我曾复印他的遗札数通寄其女，这封信是后来抄到的。

知道您仍在编书，甚慰。有新书可读者，望赐寄一二，甚苦寂寞也。

三联近作纪念，您曾出席否？还多少管一些事否？

匆此即祝

冬安

黄裳　（一九九八年）十一．十一

范用兄：

手示欣悉，承好意推荐旧作《珠还记幸》重印，感甚。

一周前三联有电话来，同申此意。但不知姓名，无法回答。近来已作考虑，有五篇书初版后所作同一性质的文字，都有插图，可以补入。还拟增加“故人书简”钱锺书文，亦有数通。手札可做插图。此外就没有什么了。

插图珍重，不知您还管这闲事否？如有兴趣，拟将各件寄尊处，我也放心。

插图彩印，三联来电说将与《小莽苍苍斋》同一版式，但此书用纸印成彩色不太显著，不知可考虑用佳纸否？

《书简集》约年底出版，致兄信中有涉及三联及《读书》之微词，他们认为不妥，已删去。

又于他处知尊编数种，如郑超麟作（品），皆想一见，如可见赐，甚盼。

即问

冬安

黄裳

二〇〇三．十一．三十

致冯亦代、黄宗英

亦代、宗英兄：

每年亦代都赐以贺年卡，我则无此习惯，失礼久矣。今得贺岁之笺，则已在兄等结婚后数月了。也曾于京中友人处得知喜讯，未能致贺，深以为歉。谨借此机会，申其祝贺之意，甚望椽笔双挥、文思泉涌，为无量颂。

匆此即祝

双安

黄裳　（一九九四年）一月九日

致古剑

辜健先生：

大札奉悉，照片亦收到。谢谢。

访问稿不急。专栏事不敢答应，因已有之专栏亦常常脱空，不敢再增新的“绞索”了。敦煌稿照前发即好，不必挂专栏牌子。我还有一些名人手迹，还可以写些《记幸》那样的文字，到时再挂牌子不迟。不过也要过一段时间才行，近来忙得不可开交也。

蛰存先生处东西早已交去，并无过关问题。听说他现在是每天吸两支雪茄过瘾，这也是一件好事。匆复即请

编安

黄裳 （一九八五年）十一月七日

古剑先生：

来信及照片早收到，俗冗未得及复，希谅。访问记能否发表，何时发表都无所谓，我并不重视这个，而且当时觉得惶悚，此意你可能理解。

昨天遇李小林，她也提到你。她下月十日将到广州（《收获》与《花城》开会），可能到深圳。她提到专栏的事，我的意思是不一定挂牌子，那样太拘束。敦煌游记就和嘉峪关一样，独立发即好。找出了一些师友字幅，过两天想写一点如《珠还》那样的文字，如找不到摄影者，拟原件挂号寄上。这都是彩色诗笺，在《良友》刊出可以照原色刊，非常有趣。

又，今后如有我的文字发，请另给我两份（只要拆下的零页即好）。

施老先生收到你带的东西非常高兴。住得远，我们也不大见面。匆复即叩

撰安

黄裳　（一九八五年）十一月廿九日

古剑先生：

惠赐大作已收到，谢谢。浏览一过，颇有兴趣。记施蛰存先生文尤有意思，其中有情感，言外不尽，正是好散文的

要素也。

《良友》也收到，敦煌一文插图，月牙泉与千佛门外的两个说明颠倒了。想是拼版时临时贴错，更正与否，没有太大关系。

“珠还记事续编”写成后再寄。匆此复谢。即请

撰安

黄裳　（一九八五年）十二月十三日

古剑先生：

寄来的样报和作者原迹，都先后收讫。只以忙迫，未能即覆，憾憾。

上司既然说这些东西过于“高级”，当然也是有道理的，可以间隔了发，其实我也觉得有些篇的作者知名度不高，也是一个原因。现在又寄上巴金的一篇，或少好些。

《良友》的印刷质量极好，你上次说可能印一本漂亮的书，我倒大有兴趣。如真有此好事的老板愿意承担，当将过去所发表的一些奉寄。但这也是随便说说，且看机缘罢。

匆祝

撰安

黄裳　（一九八六年）五月十二日

古剑同志：

来信及样张，又原迹两页都收到，请勿念。制版效果极好，看了使人高兴。今后如何发表，请随意处理可也。

前两期《良友》所发游记，是我与一位老朋友同游的记录，他是司丹福大学的教授，不知从哪里听到消息来买的。

稿费请便中交给《大公报》的潘际坰兄代收即可。他已退休，住香港北角七姊妹道7号13楼C座。

匆复即叩

撰安

黄裳　（一九八六年）三月八日

今后发表时，每次多寄我一份样张，甚盼，因可剪贴也。又及。

辜健先生：

前寄一文又巴金手迹，想已收到，适接贵报稿费通知单两纸，兹寄上委托书一纸，请转告会计部照办为感。

好！

黄裳　（一九八六年）五月廿八日

此信收到请示复，因有一月之内未寄委托书，即汇出办理之言也。

古剑先生：

信悉。珠还记幸补有嗜痂者，闻之甚慰。但趣味较狭，一般读者不易接受亦是事实。总之，对《良友》印刷之精美我是感谢的。真能传原迹风貌，在报刊上都无法做到也。

钱锺书，我也写过几篇了，拟不再写。据我所知，北京《人民日报》的舒展，对钱极钦佩，也有过从，且写得好，不妨一试，约他写如何？（附笺介绍），地址即写北京《人民日报》。

前得潘际坰兄信，知我的稿费（良友）已通知他，不知他已代领否？如他嫌麻烦，可暂存尊处，由我将来支取亦佳也。

又想托你买一些稿纸（商务印书馆有售，薄型的“我的稿纸”）买四五本即可，挂号寄下，用费由稿费扣，或记账，将来投稿再说，如何？

匆祝

刻安

黄裳　（一九八七年）九月廿九日

辛健兄：

大札奉悉，照片亦收到，谢谢。

为琐事多劳清神，感何可言，《大公报》的稿费已收到，

《良友》则未，只得听之，不必多管闲事了，再次谢谢。

看来您忙得很，国内则“闲”得发慌，没有执笔的兴趣，奈何。

有暇仍望多联系。

即叩

年禧

黄裳　（1991年）12月24日

注：随信寄《故人书简——叶圣陶书二通》一文。

古剑先生：

真是抱歉得很，接到来信已经很久了。因为近来久不执笔，文思全无，想等写点什么再给你回信，于是就搁下来了。直至今日。寄上一篇小文，看能用与否？

副刊想已开张，如有多余的报纸，寄两张来看看。

又，《良友》的稿费，至今未收到。您看是否再问一下或作罢，乞酌。前得马国亮兄函，知他已移居美国了。

匆此即问

近好！

黄裳　（一九九二年）十一月五日

古剑兄：

谢谢你的贺年卡。

近来久不作文，遂迟复，望不罪。附陈小文一篇，不知合港报读者胃口否？

上次一文，不知已刊否？如已刊出，请寄我剪报。至于稿费，可不必急。近来港刊寄稿酬，大抵开一支票，由我到银行取用，但须候三数月之久，不知有其他便捷方式否？总之，戋戋小数，迟早无所谓也。

匆祝

撰安

黄裳　（一九九三年）二月十八日

古健兄：

奉到手书，同时收到稿费 380 元（港币），已去银行拿到，手续简便，今后若再寄，即照此办理为好。

剪报也收到。

作家信札有一点，但不多，能借此作点文章的更不多，等我找找看。有时间，还想投稿，但题目难找耳。

施老常有信来，所谈些词学书籍事，太枯燥了。

匆复即请

近安

附还稿费通知单一纸，乞收

好！

黄裳　（1993 年）3 月 8 日

古剑兄：

寄来港币 250 元支票已收到，请释念。

写了一篇《鲁迅与顾颉刚》，寄上请审定。

已找出师友信笺数封，拟陆续写成小文奉寄，希少假时日。

匆此即问

撰安

黄裳　（1993 年）5 月 27 日

古剑兄：

稿费都先后收到，谢谢。

前两天寄上一篇《故人书简》，是纪念叶圣翁的，想已收到。又有《忆师陀》一文，附呈。

此外，还找出了一些朋友信札，拟陆续写些纪念文字。

近状如何？香港有何新出的好书？既希赐教。

匆此即问

刻安

黄裳　（一九九三年）九月十一日

古剑兄：

前得贺年片，谢谢，迟复为歉。

检旧箧，又得友人信札多通。其中钱锺书信有十余通，先寄上四通，余陆续奉寄。此公书札甚美，中有故事，亦留文坛掌故，可存也。

复印两份，不甚清晰，或可用。

匆祝

撰安

黄裳　（一九九四年）二月廿一日

古剑兄：

前两天曾寄《书简》一文，想已收到。

现又将续篇寄上，所余尚可一篇，完后当写他人，有叶圣翁、俞平伯、沈从文诸人信。

匆此即叩

撰安

黄裳　（一九九四年）二月廿四日

前两文稿费早收到，忘记相告，乞释念。

古剑兄：

赐信收到。钱锺书信函尚有一段，日来忙迫，未动笔，当写好奉呈，作上中下三次印亦好。（今日写毕，附呈。）

所属将小纠纷事加以说明，此事甚小，因我写一文说《围城》盗印本，中提起钱氏赠书事，为陈思和君所见，颇加讥评，我亦以一文答之，援引钱跋中所言“后世学人”之言，而称之为“当代学人”。

此事说话长，且非数言可尽，其实事本琐细，亦无待深论。我不拟多加一段，即如此见报使人回思不尽，岂非妙事。乞谅之。

文如发表，每份乞寄两份，为感。匆祝

近安

黄裳　（一九九四年）三月十一日

古剑兄：

手书早收。稿费（前两篇）亦已收到，请释念。

又奉上《沈从文书简》一文，似不无文献价值。沈书由香港出版，影响不小，必能为学人所注意也。他所说的“妄人”，不知何指，能一考定否？

匆此即请

撰安

黄裳　（一九九四年）六月十七日

古剑先生：

三篇稿费均已先后收到，请释念。

上次曾寄上《沈从文书简》一通，不知收到否？系寄成报大厦六楼者。

前天寄上一文，系与柯灵辩难者，题目则是梅兰芳，不知合用否！

匆请

夏安

黄裳　（一九九四年）七月十日

古剑先生：

手示与剪报都收到。

柯灵文复印件遵嘱奉上，请审阅。拙文是否可发，请你考虑，不必客气也。

匆祝

撰安

黄裳　（1994 年）7 月 22 日

古剑先生：

久不通信，忽奉瑶函，为之一快。知近状并劳你花钱买拙著多种，作家以读者为衣食父母，渐感何亟。

《珠还》特印本投赠将尽，余书拟自存玩赏，未能幸贻，歉甚。

港天地拟刊我散文集，亦曾得友人见告。刘教授未见。区区小事何足当意，承大力推荐，尤感，然亦不必在意，出书与不否，皆不足在意耳。余不一一。

顺颂

撰祉

黄裳上　〇七．一．廿四

致黄俊东

俊东先生：

《暑热草》一份，已收到，谢谢。我想再请寄一份，以便剪贴，不知可否？贵刊闻苗子兄告可寄此间，不知确否？渴望一读也。

匆叩

撰安

黄裳　（一九八五年）四月二日

俊东先生：

在港得把晤快谈，并承赠刊物等，至为欣感。

为贵刊二十周年纪念征文信亦收到，今寄上小文一篇，请审阅，不知合用否？如收到，乞示复为感。

即请

撰安

黄裳　（一九八六年）十一月七日

注：黄裳写信附稿《光棍的诗集》。

苗子兄：

在京得共杯酒，甚快。

我有一篇文章，自去年八月写起，一直未终篇，今改定，寄上，请看看是否可寄给《明报月刊》。如寄，请兄代办，因不知如何寄方妥也。此文未留稿（最好复印一份原稿寄黄裳兄），千乞勿失为盼。如有稿费，可留交老《大公报》潘（际坰）代存。（潘不在不要紧，等他回港时给他）他最近可能回京了。

匆此即叩

俪福！

黄裳　一月廿六日

如发表，盼多得几本样书！

俊东兄：

代索得黄裳稿一篇，请登。黄裳兄地址是：上海陕西南路153弄3号，以后请径函给书，在未正式入口前可发弟转。收函盼覆。祝文安。

董桥兄均此

弟　苗子　2/1

注：括号中文字为黄苗子在黄裳原信上所加写内容。

黄俊东按：这封信颇为特殊，先由黄裳先生写给黄苗子先生，但黄先生又在信尾空白处再写一短信给我，原来信中“三黄”都是为了处理一篇文稿的事。

致季涤尘

涤尘同志：

上次您说起要我选编一本散文集子。开垒同志最近由京返沪，又重说起此事，非常感谢您的好意。近来考虑了一下，试着编了一个目录，附上。

我虽然写了一些东西，不过多半不成话，实在不足成集。这些文章也平平常常，简直说不上有什么值得注意的作品。如果说“选”，还不如说把不同时期、不同体裁的文章，各选一二篇作为样品恰当一些。我开始时学习写散文，后来当了记者，因工作需要也写过一些通讯、评论、杂文之类。我最近越来越感到，把文字分成散文与杂文、特写、论文……是不太科学也很难符合实际的。特别是我的文字，其“杂”更是突出的。因此，这里的选，就大致分成两部分。（一）是较近于“散文”的，多从过去几本集子里选出；（二）则是近于杂文、随笔甚至（极少）论辩、考证的文字。这是从我自己的写作实际出发考虑的结果，这样似乎可以约略显示出不同时期文字的不同面貌。这是一个重要的问题，不知您的考虑如何？

小书拟用《河里子集》为题。估算一下，大约十四万字。至于稿子，比较麻烦，有些书我只有一册，有的是没有收集的报刊零页和原稿，而这些又都随时要用。其中有一些，近三年来发表在报刊上的，您可能看到一些。写这封信是首先听取您的意见，如认为这种选编的办法大致可行，我再设法将原稿（有些要复印）寄上请予审查。

我想打听一下，如一切顺利，我在最近期间交稿，小书可望于何时出版？这当然是完全不能确定的事，但我很想知道大致可能出书的期限。

匆致

敬礼！

黄裳　八二年五月五日

涤尘同志：

信收到。巴金散文集编集要点奉悉，当尽量做去。

前天到医院探望巴老，以尊意告之，他说等出院回家后，当找一找日记、书信。看来他是很支持的，更鼓励我放手选，不要为老框框所限。老人的热情可感，我希望这个选集有些特色，并有些未曾发表的新东西。

我的一本，也想抓紧选一下。

听说每逢年初，工厂较空，可望发排一些稿子，不知属实否？如真如此，我倒想赶一下。但巴老的没有这么方便，要等他出院，而且不能催，以便材料丰富些，精一些。

小书一册，请哂存。

即致

敬礼！

黄裳　（一九八三年）一月五日

涤尘同志：

我前天到京，由德明同志安排，住在东单二条东胜胡同人民日报招待所202室，住十天左右。

有机会想奉访。散文集不知已大致看过否？可能内容不一定合适，想听听您的意见。原书及剪报等件如复制已毕，也想顺便带回，因尚须派用场。

连日多出门访友，难得在家，盼先联系一下，以免失迎。

匆祝

刻安！

黄裳　（一九八三年）六月五日

涤尘同志：

方复一信，今日即接寄下《过去的足迹》两册，至感。此书印制甚精，封面极好，太阳有《彷徨》封面之妙，精装本尤漂亮。家里人也都极赞赏，认为是出书以来最好的一种。印刷厂，用纸，都是国内最好的。于此可见贵社对此书之偏爱，其实为您之所偏爱也。少阅数文，没有错字。大抵其效不全在校，而在最后一道工序之检查，使已校出之错字都获得改正也。因此想到您对此书所花的辛勤劳动，为作者所深深感谢而不易言说者也。

曙光同志以及吉庆同志，以及其他不知、不识的同志，都请代致谢忱，衷心的谢忱。

忽然发现，原订的自购书，恐不够了。请您代为追加精装本十册、平装本二十册，想来得及也。

匆此即问

近安！

黄裳

（一九八四年）九月十一日灯下

涤尘同志：

信早收，匆忙未即复，请谅。

承写文介绍小书，甚感。柯灵同志确为老友，且系最初发表拙作之人，数十年来了解颇深，如为文评介，当有话可说，但亦未能草率执笔。他一向下笔谨严，更是当然。

巴公寿日将您送的红烛点了起来，大为生色。所收蛋糕几将数十，鲜花亦不少，惟红烛为有特色也。

散文集事，明年初即动手。近又得巴公旧信若干，皆极好，且系长信，当力争收入若干。日记也想争取有一点，此外即1956—1957年以余一笔名发表于《人民日报》等处之杂文，亦未收集之作。总之，总想编出一点特色来，不与浙江一本雷同也。（旧信有致友人及致萧珊者。）

小书一本奉寄，乞收。

匆致

冬好！

黄裳　（一九八四年）十二月八日

涤尘同志：

去京开会，会后即返沪，来不及去看您，甚歉。

最近知道，巴金的弟弟李济生（在上海文艺出版社工作）为该社编了《巴金六十年文选》，已发稿，争取年内出版。此书与我为“巴金散文选”的设想大体相合。我问过巴老，他说本不愿出这本书，但终因出版社坚邀，成为事实。我觉得既有此书，则“散文选”可以不必再编，以免重复，此意已向巴老表明。只感到愧对您和人文，计划经年，只因收集材料，因种种原因未能抓紧，以致徒成空言，惭愧之至。特写此信，向您致歉，至望鉴谅为盼。

即叩

编安！

黄裳　（一九八六年）十一月二十五日

录自季涤尘《文学书事——作家给编辑的信》，巴金等著，季涤尘编，人民文学出版社2001年版。

致江澄波

澄波同志：

又剪下邮票几枚寄奉。

上月本拟去苏，因故未果。不知道近来收到什么书？有可见让者否？希随时见告，不胜感激。

又新文艺书之旧本、毛边书，如鲁迅等著作，想买一点。

匆祝

冬安

黄裳　十二月七日

澄波同志：

来信收到，我到广州去了一趟，前天才回来。上次去苏问起前次所见赵宧光所写屏条，臧炳耀同志说尚在，答应与阁下商议定价见告，不知已商妥否？我愿以“虎丘总集”奉上，作为交易，不足之数，计价奉上。如承惠允，请见示为盼。匆复即问

近安

黄裳　五月九日

澄波同志：

大札奉悉。

所说旧钞本事，实为康熙刻《虎丘胜集》附词一卷，共二册。鄙藏词集以此书甲观，在藏词中不拟抽出使之离群。诸希鉴亮。年来贵店收到何种佳本？盼望不吝告知一二，以慰饥渴。幸甚！

匆复即请

大安

黄裳

壬辰　正月十二

致姜德明

德明兄：

信早收。

宗江之逝，实出意外。渠晚年居京，两地暌违，遂少过从。于其长逝，本当为文祭之，而往事依依，全同梦寐，不堪重忆，遂搁笔。即灵前一花圈，亦其女打电话来为我加名而已。

我近不写纪念逝者文字，只巴老逝世时作。此外即交谊密切如王元化、何满子，更及杨宪益、范用诸公皆非泛泛，迄无一言。忆小丁文因检得所赠鲁迅画像而作一文，如此而已，如夏公、祖光、凤霞，皆有深痛，而不说一句，年来故人之去，如秋风落叶；圣老、平翁、之方，不能以一文纪念之遗憾，可为深痛。此意兄当知之。

宗江曾对兄言，其兄妹之事无不可对人言，此语所含意蕴至深，可思也。近见兄撰文谈《百衲衣》，而我迄未读此书，可见种种，不能尽述。

近来兄写作颇多，可喜，可贺。匆匆即问

双安

黄裳

10.11.12

德明兄：

得手示，知您随时关心在下，不胜故人之感。所谓打架文章，或是《琐记》，其实不是打架，只取笑耳。×某最近因书号问题，陷于“是非”之境，遂不见“反攻”之文，殊寂寞也。

最近小女归宁，勾留数日，来信积压不少，正在清理中，《藏书报》已来信寄来此文，我的一本不知放在何处。文颇长，近万言，放肆作文，此为初试，不足道耳。

匆此敬颂

春安

黄裳　12.5.4

致蒋颖馨

颖馨先生：

手书奉悉，多承谬饰，可不敢当，谢谢。您买到的二种书，都是我的旧藏，陆续流散的。《妙香馆文钞诗钞》，是不坏的本子。跋称“丁酉落灯之夕”，是1957年元宵所得。没有藏印，是偶尔未加，我的书也间有无藏印者。

专复

即问近祉

黄裳　甲申元月初三日

致荆时光

时光先生：

昨接大函，并材料多份，谢谢。对闭塞如我实有顿开茅塞之功。仅就红学专家围攻刘心武一事论之。我看有此一争，多些热闹，颇于安定和谐有利，人们兴趣集中于此，可忘却、冲淡许多社会矛盾，不为无益。一九六二年之大讲《红楼》，其作用亦在此。

《红楼》为未竟之作，曹公亦未审阅定稿，其中所遗漏洞不少，人所共知。刘心武能钻其空子，所见不无道理。如可卿何以从离婴堂一跃而为贾家冢媳，其所用之棺又为坏了事的某王爷预订之物？其丧事何以隆重如此？亲王、大太监皆亲临致祭，殊不可能亦不可通，凡此，刘君皆能拈出，成为线索，广为“秦学”，不能说毫无根据之追风扑影之谈。有人站出来“叫停”，实不明此一纠纷之作用，即引导群众视线远离当前社会矛盾，有化解之功。实为无识。

刘心武的电视台讲座及众多专著，我皆未见。前些时友人以一册《画梁春尽落香尘》见示，少少翻阅即掷去，所撰可谓“探佚小说”，实大劣，不堪卒读。曹雪芹无论矣，即高鹗之下等笔墨，似尤胜于刘心武远甚。真不可思议。

琐琐道近来所感，如有机缘，或将写一小文，惟此种无聊资料，荒于遍谈，是以惮于执笔。

匆匆不尽，即请

冬安

黄裳　○五．十二．五

书二册已另寄。又及

时光先生：

手书奉悉。所谓研讨会，实名为“黄裳创作在当代文化中的意义”，此为李辉所拟。他要我提供参加者撰文者的名单，我实在提不出，你说的“名人”，我多无来往，而且并不合适。

我有一个读者群，但也想不出适当人物（且多不相识）。

我自己又是“低调”的连出席会议也踌躇。请人的事，尊意可感。我将写信给李辉，与你联系如何？

沈鹏年在乡下，不知地址，也不想去招惹他。

我希望此会着重谈谈我在散文创作方面的种种，不想以

“藏书家”面孔出现。老辈能欣赏我的人为叶圣老、俞平伯、吕叔湘，皆已故去，真是海内无知己了。但知己都在年轻人中，此所以自慰也。

三联总算把《珠还记幸》印出了，一厚本，颇精美，我有精装本一百册，恐少迟方能装成，当以一册奉赠。

《集外文》一厚册，亦将五月中印成。（李辉在《人民日报》）多承关切，谢谢。

匆祝

近安

黄裳　06/4/23

时光先生：

两信俱收到。周一良的儿子，冯友兰的女儿，同为父亲辩解，可以理解。而两者都为“梁效”要角，此万恩也。

我也写过几篇冯友兰，都很不客气，不知宗璞见过否？大概不会“回应”。宗璞是好作家，人也好。病目，深可怀念。

我近写一文，抄旧日记，加小注，近两万字，又碰到冯，也对何兆武论吴晗有一点看法。《上学记》是本好书，但也有缺点，天下哪有无缺点的著作呢？

作协大会，我决定不参加了。此会无趣，年纪大了，随众举手，亦感无聊。我拥护铁凝，起码年青，无官气。

在电视中看了一次纪念谭富英，感到谭家真是每下愈况了。匆匆

祝好！

黄裳　06/10/28

时光先生：

《石涛诗》收到。其实只挂号即可送到门前，这次还得跑邮局去取。麻烦多了。随函寄还50元，因方便，且可连邮费同计也。

照片都好，不知谁拍的，我自己也忘记了。

苗子文未见，《石涛诗》前他有长序，当即此文。

怀夏公文即是《磁力杂忆》。

姚雪垠告状事，未见。事已过去了，不必重提了。

解密文已发，且发三处，非我想骗稿费，实因怕此文有刺，怕发不出，故寄京（《新京报》为改题）、津（《今晚报》）、沪（《文汇》）。

日记已刊于《书城》，分两期刊。

河里子文，我自己也忘记了。可能是有感而发吧，那以后即极少作文，时达三四年之久。

顺颂

刻安！

二〇〇七年一月十五日

时光先生：

十一日信收到。关于夏志清访问文，未读，当补读之。

王元化说他不喜欢夏，我有同感。朱学勤文未见，望复印一份给我。我与元化关系不坏，但过往不多，前些时他曾来访，有人陪同，步履蹒跚，其实他还小我一岁。

驳陈寅恪文，未读。

关于西南联大文无多意思。匆复即问

刻安

黄裳

二〇〇七年六月二日

时光先生：

久不得信，以为出差远行，适得赐信，甚慰。

《山西文学》都看到，无甚新意。《萧恩……》一文，已交《新民晚报·夜光杯》发表，未见反响。近一个月来为编新书而忙碌，虽胸中尚有二文，却无暇执笔矣。

余秋雨近已变为“说客”，与王蒙比美，可勿庸议。

近见报纸广告，有《中国文化》一种，07 年春季号（第 24 期），题目颇有吸引力，但内容未必佳，拟一观，便中为觅得见寄为感。附上 50 元，存尊处，或更有书可购也。

匆匆即问

“暑”安

黄裳　〇七．六．二

时光先生：

信收到，书也收到。

《戏曲研究》久违了，想不到它还继续在出。惜华百年纪念，诸文未见精彩，但得知他含冤死于“文革”，尚有女儿在世，如可能，望能一访，得知死状详情，其书先经康生掠夺，后归研究院，未说及所藏淫秽书下落，我曾去看过，确有版画珍品，不知下落如何了。

其所编祁氏《曲品》，全本我的藏本，因 57 年关系一字

不提及我，情有可原。而我贸然与他合编明刻版画，不悟渠与郑公势不两立，而刘哲民又是郑的极近朋友，今日思之，天真可笑。匆祝

好！

黄裳　○八．六．廿一

陈丹青与诸“80后”，对老作家之评论，奇论，亦快论也。

致李一氓

一氓同志：

日前由沈锡麟同志寄下印本《金石录》一函，谨收到。此次所印较《忘忧清乐集》改进不少，装潢亦雅俊，远胜锦函。因知古书固不以俗艳胜也。惟签条及扉页仍嫌字体过大，仿宋体实不耐观，不如手写之妙也。牌记亦太大，无论宋明刊书牌记，即鲁迅刻十竹斋所用牌记亦不如此。开卷第一页之旧人藏印，如一狭条亦不好看，其实每册只一二页有藏印，制版不妨少大，亦不多浪费也。全书用纸甚好，胜于宣纸轻柔而有古趣，全书皆能保持旧貌，不因少有漫漶，动辄修版，为商务之不如，则超越《续古逸丛书》矣。谨阅一过，并申谢忱。匆此

敬请

秋安

黄裳上　九月八日

注：一氓九月十四日批示：请转守俨同志一阅，可考虑一些改进办法，但如已弄成标准的东西，亦就不必忽大忽小，规格差点也算了。

致励俊

励俊先生：

二十日信收到。

张葱玉两种已得到，王季迁笔记尚未见。

我的序跋文前曾有古吴轩印过一本，不佳。且佳作无多，且有应酬之作，所以不愿再出了。李释勘诗序我原写一稿，寄他后为其改作，几非旧文。皆其所作也，陈旧气甚重，故不承认是我的作品。

世文处《来燕榭书目》，不知何物，未见。拙稿以在中华校为佳，他们有老校对，是有经验的。我的书跋，不习惯我的写法（实即传统书跋习惯用法）等，往往不能句读，是一憾也。

匆此即问

秋安

黄裳　2011. 8. 26

致凌济

凌济先生：

真是抱歉，因事忙，隔了那么久才写这通回信，而且不能详细回答您的问题，没有次序，想到就写：

（一）您寄来的《彩色的花雨》中英对照本，最早有一种小开本，后又有一种大开本，印得更漂亮，我都送人了，自己也不存，不能详说。

（二）《旧戏新谈》最早的初版，有毛边道林纸本，约印十册，用以赠人，自己也无存，唐弢、巴金所捐书内有。

又有我自印宣纸打印大样本，大册共四册一函，请马叙伦题签，系全幅（印本只存书名）后有自书双行牌记二幅，木刻，用后即毁，少年好事，成此“孤本”。

（三）《锦帆集外》有宣纸打样线装本，又有道林纸印精装本，书脊烫金，只一“凤”字。

（四）86年湖南人民出版社所出共三种，只著录二种，另有《晚春的行旅》一种，装帧并同。（此则不用，因已前见。）

（五）《寻找自我》，董宁文编，青岛出版社出版 2009.7 月第一版，42 元。

（六）您问的龢庵，是我 1942 年时的邻居，是一位喜欢收藏新文艺书的人，因患肺病早亡，《集外》毛边本印得极少，已忘印数，自存尚有一册。

（七）香港盗印本尚有《锦帆集》一种，曾由港友见赠一册。

书目所附诸种，有我自己也不知道的，多谢指示。《珠还记幸》再版本，小有改动，除错字一二改正外，后部的插页 P354 中之画页亦删去。

您费如许时间功夫，辑成此目，感愧之至，特取《珠还》特印本一册奉赠，以表谢意。请哂存。感谢之忱，略见于此，不一，顺颂

冬安

黄裳上

09/12/2

凌济先生：

十二月廿七日大函拜读，大本英译《京剧故事》亦收到，甚谢。又承指出新书中图片说明错误，尤感。我为人编

书甚少，《闲居集》外，并无他种。

承嘱题写书名，已书于别纸，字写不好，请赏存。

匆复即请

年禧

黄裳上

〇九．一二．廿九

凌济先生：

得手书并书目十册欣感交并，先生费如许心力，辑成此书，在作者看来是否有此价值，得此宠遇，殊可疑也，拜赐之余，益增惶愧，为印此书，所费不少，更令不安，扺以片纸致谢，秀才人情，可发一笑。

匆此敬谢，并祝

近安

黄裳上

一〇．五．十八

凌济先生：

手示敬悉，所问诸端，谨条复如下：

（一）《旧戏新谈》初版曾印道林纸本十册左右，分赠友人，自己无存。巴金、唐弢所得两册，今在北京文学馆，曾留毛边本否？不记得了。许颐生系我沪居（绍兴路）邻居，北京人，同时系中兴轮船公司的同事，年纪大我约二十岁光景。

（二）《书的故事》为盗版书，我不知，亦无存。吉林摄影出版社系无赖书商，此外尚有我关于南京的书一本，盗自《金陵五记》，不通知，亦无样书之赠，无版税，我辗转得到一本，倒是图文并茂，印制亦佳。

因职业关系，我写了不少，各种体裁的文字，除已收集者外，其他如新闻报道、特写、剧评、杂文之零见于报刊者甚多（如解放初的《亦报》《大报》），我自己无力收集，亦少有保存价值。往来书信我自不留底，无从收集，只周汝昌、姜德明保存较多，曾拟出版我与汝昌论《红楼梦》来往书信集，已排印部分至今未成。《日记》更无付印可能，自己亦无暇无力整理，实况如此。

谢谢您为我九十二岁生日的祝贺，感谢之至。

匆复即请

近安

黄裳上

一〇．七．廿日

凌济先生：

得来信，惭愧之至，多谢好意。上次来信，因事忙未能即复，惭愧之至。

前得弟撰年谱为友人索去，仅留一本，又杂于书丛，遍觅不得。最近“大家小书”两种又有新版，请签合约，而此社（北京出版社）多方剥削，忆弟编年谱中，有《旧戏新谈》《笔祸史谈丛》两书，初版、数印（有多至四印本），皆未付稿费，拟不再与之签约，盼将两书加印次数详情见示，俾作回信依据。

又弟函称，“散文选集”、《书林一枝》系哪家出版社刊（散文选有人文版）、何时再版等情况，见告为幸，出版社往往出书、再版，皆不通知作者，视知识版权为无物，甚恶劣也。

匆此，盼，即告。专叩

暑安！

黄裳

2011/7/13

凌济先生：

快递大函收到，谢谢费心，惟附下之单据只两页，《笔祸史谈丛》不在内，因此尚未能据以做出交涉也。

您上次来信，曾有数事下问，匆未作答，而来信已杂于书丛，难以发现，如承再以告知，当据以试作答问也。

匆复即请

近安

黄裳

2011/7/21

凌济先生：

大函述及蒋仁渊教授，蒙垂注，并以近状见告，甚谢。

仁渊为蒋梦麟长子，因其父别娶，遂迎养其嫡母至京，得以终养，后调济南工作至今。仁渊于其父虽有意见，然关系甚好，在渝时，我曾陪同他在蒋氏官邸晤谈。以后在南京（于《金陵五记》），在北京（见《凤城一月记》），皆为同游伴侣。翻译官复员后，仁渊即任西南联大二学院助教，我即住在他的宿舍内打地铺，及同路由昆明至重庆，他乘木船东下，后重会于上海，故事重重，如在目前。八十年代我携内人有山东之游，再见于济南，后仁渊曾约电话交谈，因我听力下降不果，时时念之。

有机会仍盼时往探视，以近况见告，以释远念，不胜翘企。

草草写此并颂

近祺

黄裳

2011/7/22

凌济先生：

真是抱歉，您寄来的是全份，而我检阅粗疏，致劳。您再度赐一全份（《笔祸……》），不胜歉疚。现已向北京出版社声明，两种拙著，退出“大家小书”，并请补发各书再印以后未结之版税（加利息）矣。

蒋仁渊先生处，得空望常去看望，并致我远方怀念微忱，不胜感谢。

《中国作家》一、二两期，有我的签名，不知何以落入拍卖场，今为弟藏，可谓得所。

《书跋》（增订本），我处亦只得样书数册，刊印尚可满意。

梅娘作品，从未见过，不敢置评。

匆复即问

近好

黄裳

2011/8/1

凌济兄：

手札奉悉，尊恙就痊，谨为兄贺，心梗非小病，尚希随时注意保养，不可忽视。

蒋仁渊兄处承足下与贵友殷勤存问，感何可言。《影人诗选》一册拜收，中有一错字，不知从何处抄得。两种盖叫天演剧画册，我处仅存其一，亦无意求全矣。《盖叫天舞台艺术》纪录片，并无印本说明。

贵友欲拙书斋名，惜弟已三十年不亲笔砚，字更拙劣，谨书一幅，更不耐观，谨呈一览，如过劣，弃之可也。润笔之说，可笑拙书能易钱，真怪事也。

《旧戏新谈》伪签印本亦可笑，已作小跋附呈，至网上拍卖之数通，皆真，无一伪品，不知何以流出。致沈燮元一函，系“五七”年后，以藏书易米于南京图书馆事，售书之状可掬。小书《文存二编》已由三联印出，大批书尚未到，当奉赠一册，请少待。

匆复并贺

年禧

黄裳叩

壬辰正月初五

凌济先生：

惠书早收到，因杂事丛集，迟复为歉，多承以有关信息见示，得广见闻，十分感谢。

《中华名人墨迹》一册，后附黄裳一札，实非我作，书局亦以见问，并嘱为一小文记之，已草就，将刊于沪报，谨以奉闻。

尊体休养后想已清佳，时以为念，匆此即问

近安

黄裳

（2012 年）5 月 15 日

致柳曾符

曾符同志：

赐信收到，因赴京开会前日始取，迟复为歉。令祖纪念文事，因相交甚浅，见闻不多，颇难着笔。此意前已面陈。裳所作《珠还记幸》中曾有一文谈及，令祖给我写的一幅诗笺，此书不久可出，此外亦无可说，不敢以空言搪塞，当祈亮察。

匆此即问

近安！

黄裳　一月十六日

致罗孚

承勋兄：

际垌来，携来惠书拜悉，一是《香港》一书，早已奉到且即拜读终卷，深以为佳。年来写香港之书不少，皆无此才情笔墨也。年来时于南来友人处得知，近况优游暇日，文酒过从，深以为慰。海上殊少友朋闲谈之趣，深感寂寞，近来已久不作文，只翻读故书耳。周作人谈话发表后，即有人反驳，但非关主题，弟已别撰一文交《读书》，不知能发表否。命写旧诗，涂一纸请哂存，诗字皆不成气候，可笑人也。兄地址已失去，故此信请范用转。暇时可赐一信告知尊址，近出小书两册或可奉陈，但皆是港版旧书重刊，想兄皆已见过了。

匆此即候

夏安

弟黄裳顿首　五月廿日

萝轩笺前曾见过，不知近尚有否，当过市一观。如能得，当奉寄也。

致吕浩（文泉清）

吕浩先生：

赐信收到。因我不去报社，所以来信转来甚迟，稽覆为歉。

读来书，知彼此喜好相同，可谓书友，拙作承好意称誉，实不敢当。

尊意欲将拙作寄下签名，当然可以。但我已年老，包扎、跑邮局力不胜任，如少寄数种，或可勉力为之，大量书则不能办了。

我80年代曾在旅行中到过西安，停留三日，诸盛迹也都到过，不过走马看花而已。承告宝鸡今日光景，甚以为慰。谢谢。

近拟选我所写书跋，景印行世，正在商议中。又有《集外文》之辑，今年可以问世。

匆复即请

近安

黄裳　05/1/1

吕浩先生：

奉手示及大文拜读一过，文章写得很好，多承赏誉，愧甚。上海一会，仅得一面，未能细谈，憾甚。您所制我的作品详目，用力甚劬，其他尚有多种，皆青年人所制，甚令欢喜。因读我书者，非仅中老年读者，最令欣愉。

我的字写不好，遵嘱写讫，乞哂存。

顺颂

夏安

黄裳上　丙戌夏

文泉清先生：

前奉手书并赐新诗，情意深挚，感愧莫名。今日又得《书脉》三册，版式各异。前寄书谈《新谈》线装本事，少年好事，本拟提供尊编拙著版本细节，以供一笑，今竟刊之刊物卷首，不胜惭愧，谨志谢意。贵刊内容颇丰，编制尤雅，捧读之余，颇益新知。于读书刊物云起之际，各具新格，佩甚。聊作短笺，以申谢意。

并祝

编安

黄裳敬上　○八．四．十四

致马国亮

国亮兄：

惠函奉悉，寄来良友一册亦收到，祖光文亦得读，确是引起了广泛的注意。上海新民晚报曾报道画家程十发考定，认为此画可疑。前天遇到施蛰存先生，亦谈起此画，亦以为非真。大抵议论如是。我对书画鉴定全是门外，于吴道子更是所知极少，怎敢参加讨论，一笑。但此一题目能引起讨论，对刊物无殊注入一兴奋剂，甚盼热闹一番。如能引起注意，故宫博物院之深藏密锁，若干年不令人知之事，亦将公之于世，不为无益也。

永玉返港，想常有来往，见面时请为道相念之情，我借到范某写他诸文之复印件，但他的文章则未见，未免遗憾。总之，京沪诸公对范某皆以为无聊之小人，同情多在永玉一边，此可告慰者也。

满子亦有信来，对八大年谱有所商榷。他好像已安心下来，在澳从事研究了。

打听下来，银行可汇稿费，只是付“代用券”而已。为数戋戋。亦无大关系，有暇希即代汇为奉。

匆祝

笔健

弟黄裳　四月十三日

写作小说，拜读甚妙，信是贤者无所不能也。

致潘宝海

宝海先生：

惠函敬悉。

前赐寄合订本，已收到。

纪念刊中“我们这一群”，不是我的作品，但毕业纪念册中有两文，各署笔名，一文我所写，一文为同学姚允祥作，一写同学，一写师辈。此纪念册我尚存有一册，惟一时找不到，只能以旧忆向您汇报，甚歉。

我是1937年在上中毕业的，是工科，是否二八级，记不清了。

匆此专复，即请

近安

黄裳　12. 4. 17

致沈鹏年

鹏年兄：

来信收到。

虽然你很大方，主张两个方案相辅而行，但我总觉得仍以快些解决为好。因第一方案迹近空头支票，我不大放心。

我想拿一部仅余的元刻本《左传林注》还给你。这书是孤本，是“林尧叟”注的，到明朝，出来了《左传杜林》即合并林注和杜预注的，此书即不再传世。清代三百年无人知之。鼎鼎大名的陈仲鱼都弄错了，这是个唯一的四十卷本。另有七十卷本，有元刻传世。

这书元版元印，十分漂亮。中缺一卷，我用明本补全，装了一下。有明代有名藏家周九松的藏印。共四十册。关于此书的特点，我前面有一篇题跋。

这书是我在解放前买的，花掉了中兴轮船公司发的一笔旅费、安家费。不够，又用别的木版书、杂志约一三轮车换来的。

我买书迄今，宋版没有，元版只剩下这一部，对“学术研究”无用。因我不搞这一方面。因此愿意拿出来给你。如认为可行，我就找出来，专程送上。

专此即致

敬礼

黄裳　五月三十日

致沈燮元

燮元同志：

信悉。附上收据一纸请查收。书款不妨分批寄，可否小半由邮局（斯本路）大部由银行，请酌定。又陈祥裔词（《凝香集》）不知欲留否？全书共四册，五十元，如不欲留，乞掷还头本也。此集亦殊少见，遇之不易，似以剑合为妙。

匆复即问

秋安

黄裳　十月十八日

银行：中国人民银行上海市卢湾区储蓄处（淮海中路第三储蓄所）

账号：1195579

致师陀

陀老：

盛暑中忽得大札，捧读之余，汗出如浆，所问二事，我也说不清楚。总觉得用槊之人，似非曹操，因他不是“大将军”也。渭南之典更不知出处，只能敬谢，乞恕之。

大热天仍在用功乎？是看书所得抑将作文乎？

天凉将走访，匆复即候

暑安

黄裳　七月十日

致施蛰存

蛰存先生：

久未晤。想近状安善，著作不辍。《词学》四期何日可出？念念。适得《人民日报》姜德明兄信，内附致先生一笺，有所请问，谨转并乞遥复为感。

即叩

冬安

黄裳上　十二月一日

德明仍在《人民日报》，近转任人民日报出版社社长，附闻。

致蔬畦

蔬畦先生：

前然次知，林子有氏为先生姻侄，其后人近以所藏词集售之肆中，裳买得不少，惟多零散它售，且经估人中间剥削，林家所得，往往伍数角一册（裳买得每册八角）取得。

先生代为一询，尚余书仍欲出售，可否由裳直接经选一批，价值当较售之裳书为好，而亦可否考虑也，此事不知可行否？乞示之，近独忙不及至谒，草此即候

近祺

黄裳上　一月十一日

近日少忙久未奉教，念甚。冬来几每日晴，天气亦好，曾出游否？

近香港《大公报》友人嘱写短文，告上海近事。拟写小章谈俞振飞演剧事。拟抄尊制竹枝词一二首以为光宠，想不以为侮也。不提作者，只云老诗人观剧之诗如何？

报载梅先生影片已完工，是否回沪抑他往？颇念，先生处近有消息否？

近日有何新诗？颇思拜读以慰饥渴，此言非夸。重读竹枝词一过如承半日温馨，诗境之妙如此。匆上

苏堂先生

黄裳顿首　十二．廿七

致苏北

苏北先生：

惠函及大作《灵狐》，杂志一册俱收到，谢谢。

曾祺系旧友，去世后曾写数文念之，俱以《故人书简》为题，想都看到，1947—1948年沪上相逢，过从甚密，往事如尘，难以收拾，近黄永玉撰《黄裳浅识》长文，有所记录，亦因五十年长事，不无出入，亦殊无必要一一追忆矣。

曾祺“文革”中上天安门，时我在干校，因此得批斗之遭亦可记，八十年代（或九十年代）过北京，曾谋一晤，而以赴张家口演讲不果，得一信并一画，后又一次同游扬州、常州、无锡；访香港亦同游，但觉其喜做报告，我则视若畏途。琐聊供参阅，闻近来频有新书出现，因我不上书店，俱无所见，如蒙见示一二，幸甚。

匆祝

撰安

黄裳

2007.7.29

苏北先生：

一下子收到好多本书，颇出意外。山东画报把曾祺细切零卖了，好在曾祺厚实，可以分排骨、后腿……零卖，而且“作料”加得不错，如《人间草木》。应该称赞是做了一件好事，我有曾祺的全集，但少翻动，不如这些“零售”本，方便且有趣。

大作拜读，所着重指出处也看了。我没有什么别的意思，只是多年不见，怀念在上海的那些日子，曾祺在北京的朋友，我都不熟，想来他们之间，必无当年沪上三人同游飞扬跋扈之情，对他后来的发展，必有所碍。又曾见山东画报辑曾祺《说戏》一书，未收我与他有关王昭君辩难之文，可惜。

纸短，匆匆道谢，即请撰安！

黄裳

2007. 9. 10

苏北老兄：

接手书并大文，即读一过，谈言微中，有会心处。

关于永玉曾祺间纠纷事，我本不知，读尊文始明究竟，近永玉似亦曾自说此事，大抵总算明了。真是“细故”，但背后却有更深的因素，两人都不曾说。

曾祺对我，一直保留着当年的交情，无甚变化，我亦然。我尚有曾祺一信，不能发表，是他推荐我争取台湾什么文学奖事，他荐了两人，宗璞与我，信中说及奖金……美金……我未接受，此事不了了之。

我为“王昭君”事和曾祺抬了一扛，他的来信也全文发表了。这是彼此交情的真实表现，但此信未收于他的任何文集……我合义似有“为贤者讳”之意，窃以为不能了解我们之间的友谊之故，尊意如何？

天热，简复，颂问热安！

黄裳

2008. 8. 6

苏北老兄：

《一汪情深》收到了。翻了翻，近来多忙，等闲下来细读。将《文汇报》上六十年前曾祺佚文收在书后，甚佳，可作全集补遗也。当时《笔会》编辑是唐弢。我刚从重庆回来，在南京。

我那篇“代序”中有误字，当以发在《读书》上者为准，我看过清样。汪家兄妹对我的“评论”，感之。其实我没有什么成就，你计划的《读黄记》值不值得写，望考虑。

匆复，即祝

近好！

黄裳 〇九．五．七

致苏晨

苏晨同志：

大约半年多以前，曾向《随笔》投寄过一篇《常熟访古记》，隔了许久，得到一张通知，说准备用，迄今未见发表。一月前因编集子，要收入此文，曾请李联海同志将排出大样赐寄一份，迄今亦无下文。

昨见《随笔》一月份广告，无此文，想未发表，此文写得不好，亦不太合于《随笔》要求，如有困难，敬请即将原稿挂号赐还。因小集已编好，只等此稿了。

为了琐琐小事，屡次有所请乞，务希见谅，并赐协助为盼。

即致

敬礼！

黄裳上　一月十四日

苏晨同志：

曾定夷同志来，带来您的信，早已收到，迟复为歉。

香港三联书店拟刊行我的一本“游记”，取名《山川·历史·人物》，他们说与花城出版社有协作之约，此书可同时由你社出书，并拟将原稿影印件寄上，要我写信与您联系，我觉得这样做很好，别无意见。稿如寄到，请您抽时审阅，内容不知有否需要改定之处？此集多数发表于港大学报附刊，写得比较自由，希望您不客气地提出意见。

此外，此书本定名《富春集》，港三联认为，此名在港无吸引力，遂改今名，我以为原名亦不坏，然《山川……》系师陀同志的一本小册子的书名，因此我想花城如拟印，不妨使用《富春集》，亦佳，请酌定。这本书完全是旅游书，当然内容深了些，也许在旅游读物中，可以充数。

最近还是忙，也不知忙些什么，过两天想写一篇《鲁迅与浙江》，给曾定夷同志，上海作协要开会了。月前姜德明兄来沪，曾数次晤谈，也谈及您，对您的眼光、气魄都极赞叹。盼你们的出版社做出好成绩来。

勿此即致

敬礼！

黄裳　5月26日

苏晨同志：

我的一本小书《花步集》校样，早于年初即读好。后得李联海同志信告，此书估计二、三季度之间出版，不知近来消息如何？前接叶圣老定本新刊《日记三抄》，又见他处广告，《花步集》仍未刊入书目，甚念。请拨冗一查见复。姜德明同志前些时来沪，曾托他转询，因恐其事忙，不如自写一信。

匆此即致

敬礼！

黄裳　（一九八二年）七月八日

苏晨同志：

谢谢您及时告诉我印刷厂的情况，不然我还在傻等呢！

当然希望并相信能安排新的印刷厂，什么时候"可望"印出，有便请告知一声。

专此复谢，即致

敬礼！

黄裳　82/7/12

苏晨同志：

手书奉悉，赠书及毛边本四十册，亦早收到，甚谢。因急于见此书出版，多次催问，务希见谅。此书所记，尚是三四年前事，如再迟出，未免有迟到新闻之感。然此书终非新闻，正无妨也。并承优予计酬，更令不安。

此书排印尚佳，惜用纸稍差，封面颜色亦少艳丽，将来如有重印机会，少加改动，必能改观。贵社所印叶老、巴公二书，印制甚精，友人多赞为近来出版品之白眉，巴金亦说印得不差，附闻。

匆复即祝

秋安！

黄裳　（一九八二年）十月十九日

致田仲济

仲济同志：

信收到，关于《新文学大系（1937—1949）》编选事，承您好意要收录我的作品，至谢。

这段时间我曾出过四本集子，《锦帆集》、《锦帆集外》（最近有上海书店重印本）、《关于美国兵》、《旧戏新谈》，目前都很难找到了。1984 年人民文学出版社曾出版我一本《过去的足迹》，在某种意义上是一本自选集，此书想易找到，鄙意不妨即从此集中选取数篇为方便。我自己想选《白门秋柳》（散文）、《饯梅兰芳》（杂文）两篇就好，如您要多选，请按尊意选之可也。至于两文最初发表日期与刊物，我也记不得了，前者似发表于《旅行杂志》（1943），后者发表于《文汇报》（1946），大致如此。

梅朵在 1949 年前主要写影评，未见有散文、杂文发表，当代达尊意。匆复即请撰安！

黄裳

（1989年）3月10日

致《文教资料简报》编辑部

编辑同志：

得读《简报》第107—108期，《王国维著译书目》“生前手定、出版的单行本”一项中，似尚可补：

《壬癸集》一种。此为观堂居东时诗，自刊，目录一页，诗十五页。收“古今体诗二十首”，卷首上题下署“海宁王国维”。半页十行，行十八字。白口，左右双边。卷末牌记：“大日本京都圣华房以江州旧木活字印行”（双行）。大册，用日本皮纸印。卷中有观堂墨笔自校之处，有“蕙风簃”印，当是持赠况周颐者。顺告，即致

敬礼！

黄裳

集中诗如《颐和园词》《昔游》《咏史》……皆已入全集，未细对，当无佚诗也。

注：是信刊《文教资料简报》1981年1月第一期。

致徐明祥

明祥先生：

承惠赐大作两册，已收到，容细细拜读。

大文读一过，誉扬过分，所不敢当。惟所说“澹生堂、远南堂”——语有误，当作远山堂。

我的字写不好，毛笔已十年不用，姑以墨水笔书呈，祈亮之。

匆祝

近安

黄裳　04/12/14

明祥先生：

奉书失喜，齿及旧作感愧无由。令书素笺而久弃笔砚，

只能以墨水笔写一小诗，聊以当意。乞勿笑也。匆复即请
夏安

弟黄裳顿首　乙酉盛暑（2005 年 7 月）

江雨霏霏江草齐，六朝如梦鸟空啼。

无情最是台城柳，依旧烟笼十里堤。

此《金陵图》诗，忆是韦庄作，儿时读本迄今不忘。

明祥先生远道赐书，令书素笺，久弃笔砚愧无以应。今晨枕上，忽忆此诗，以为妙绝古今，篇中只着“六朝”“台城”数字而境界全出，真不可思议。漫书请正。时乙酉盛夏也。

黄裳　年八十七

徐明祥按：韦庄《金陵图》，我不曾读过，故查阅《韦庄诗词笺注》（齐涛笺注，山东教育出版社 2002 年 6 月），发现《金陵图》原文是：“谁谓伤心画不成，画人心逐世人情。君看六幅南朝事，老木寒云满故城。”题为《台城》的诗正是黄裳先生所书写的。台城即东晋南朝之宫城，旧址在今南京玄武湖畔。冒昧去信，请教是另有版本还是笔下误，黄老复信：“《金陵图》诗题，系我旧日读诗所知，今手头无书，不可详矣。”无明确答复。后来在《黄裳文集》第一卷中方得到答案，《金陵杂记·后记》曰：“刘禹锡在《乌

衣巷》一诗中，在三处地方具体写出‘朱雀桥’、‘乌衣巷’和‘王谢堂前’；韦庄在《台城》诗中写的是‘六朝’、‘台城’和‘（长）江’，此外就都是自然的景物，野花、夕阳、燕子和雨、鸟、柳树、长堤。这一切都是没有‘生命’的东西，但在诗人的安排运用下，它们释放出的则是难以想象的力，撼动着读者的心，其强烈程度则依读者所处的时代环境、思想情感、文化教养而各有不同。这很有些像原子能的释放，但其触发与制约却更为奇妙而灵活，这不是自然科学家和工程师所能做到的。”写于 1981 年 11 月 29 日的此文，与我查阅的资料是一致的。

明祥先生：

函悉。

《金陵图》诗题，系我旧日读诗所知，今手头无书，不可详矣。

承赐联语，谢谢。

书签，签好奉还。

近日琐事忙甚，幸恕草草，即颂

近祉！

黄裳　05/8/6

徐明祥按：信中所说“联语”，是我将黄老的七个书名连缀为四句：“旧戏锦帆，晚春惊弦。榆下说书，海上乱弹。”

明祥先生：

奉书及大文，知对拙作收罗不少，作者当视读者为衣食父母，不禁感谢之至。命书断句，诗作于四七年夏，时《文汇报》被封，名在黑名单中遂避地至嘉兴杭州，诗意在此。琐陈，即请

冬安

黄裳　〇五．十一．九

相逢漫道无人识，消息还应在柳边。

一九四七年旧作断句，书应明祥先生雅令。黄裳乙酉冬

明祥先生：

示悉。

《读书记》签好，寄还。

《珠》书承校出错字，极感。

《珠》书印有特藏本，不过是用无光铜版纸印，别无特色。本有“非卖品”之说，而书店妄为定价，遂有读者请购，不胜烦扰。而分送将尽。未能应尊命，伏乞亮之。

即问

撰安

黄裳　06/6/4

得退密老人题诗复印件，谢谢。

徐明祥按：信中的《读书记》即黄裳著《梦雨斋读书记》。《珠》即黄裳著《珠还记幸》（修订本），生活·读书·新知三联书店2006年4月第1版。“退密老人题诗”即周退密赞黄裳诗：“文笔词锋薄海知，淘书机智更冠时。澹生复壁能逃劫，旧燕归来付一痴。”（《上海近代藏书纪事诗》）我请周退密先生在笺纸上赐书此诗，复印件寄黄裳先生。

明祥先生：

手示奉悉，大文拜读。

所问数事简答如下：

（1）五十年前日记，系1950年的。

（2）记不清了，查旧文可知。

（3）我记日记，已五十余年。中有断缺，然大体完整。每天都记，只记日常书信往来等琐事，偶有感想，不多。“文革”中抄去，我在文章中曾说到，还来时有缺失。一起有几十本，未统计。

天热，简答。即问

近好！

黄裳　06/7/27

明祥先生：

承赐新著，见所著录拙作巨细靡遗，有言作家以读者为衣食父母，是当深深感谢者也。文中有拙书插图多种，似可不再弄笔转增丑态，即以此信作答，书益拙劣。乞鉴谅之。匆复即问

年禧

黄裳　〇七．二．一

明祥先生：

惠函奉悉，遵嘱书书签一事，拙劣不堪，不知合用否？匆复即问

近安

黄裳顿首　〇七．十．十六

徐明祥按：信中“书签”即黄老赐题书名“潜庐藏书纪事三编”。

致杨成凯

成凯先生：

手示拜悉，上海大热，得读来书，如一剂清凉散，谢谢！

田涛的书，已阅过，大言而夸，且多谬误。此亦书林大腕也，不可写此人，点缀寂寥之书市也。冬心二种，如系乾隆原刻，定为粗黄宋纸所印，款疑系取自宋刻佛经扉叶者。以此二书易得一列仙酒牌，大失算矣，以此可知田君赏析眼光，不过如此，所谓“五百明斋”亦不知究竟如何，看他视若珍宝之元刻二种，可概其余矣。

《梅村家藏稿》价昂至此，诚不及料，我有一极阔大之罗纹纸印本。

严宝善旧日相识，过去常拿书来卖，近来久不通讯，他那本经眼录尚未出版，当有不少好书，书贾气当然不免。此人尚可一谈。我曾到杭州旧书店一看，架上只有嘉业堂写本，未见一好书，不知其尚有别藏也。听人说，澹生堂书初出时，曾有一皮箱售与医学书局，后即无下落，此中必有惊人秘笈也。

近来久不作文，谈旧书也不容易，要有点分量，有可读性，非可漫然下笔耳。近出一小书《河里子集》，天津百花版，我所买的书尚未到，到时当奉上一册也。

笠泽丛书我曾有一碧筠草堂版初印之宣纸印本，有中吴顾楗小印，抄去未还，又曾得一极阔大之皮纸印本，为郑西谛索去，赠浙江省图书馆，因该馆得一同板之本，作元刻收入之也。

先生所得佳本有关于曹家故宅，此不知何名？

魏氏书系河南开封三联所刊，尚未墨板，亦不知何时可出也。

明版毛校《东山词》，系五十年代初得之修绠堂，此系张葱玉之书，久已易去，遂未著录于《梦影录》中。

小绿天所藏《中兴以来绝妙词选》，确无卷尾牌记，我有此书，牌记亦抄配。别有《唐宋诸贤……》一本，系嘉业堂藏之天一阁本，两本恰得配全，亦好事也。

藏词曾写过一单目，亦未全，清集中附词者遗漏尤多，一时不及检出，如发现，当寄奉一阅。郑西谛藏词不少，然顺康只寥寥数种，似未可言富。李一氓不知如何？我曾以清初闺秀精写之词选集赠之，不忆书名矣。于国朝后别立新朝一目。是清初写本，皆闺秀词。

《记红集》我有两本，一本抄后不还，《选声》则未见也。

徐积余藏书目不知藏于何处？盼欲一读，以家藏徐氏书不少也。此公诚一大家，眼光甚大，佳品不少。

《小宛堂刻玉台新咏》，我本有一本，已失去，此书不稀见也。

天热如焚，奉恕草草。

即问

刻安

黄裳　六月廿八日

致杨栋

杨栋先生：

奉手札并文集一部，至为欣快。您方壮年即有此丰硕成果，可喜可贺。暇当徐徐拜读，先此致谢。

三联所出两种我也无毛边本，系书店与孔夫子网上所制一百部，得此殊少。港版《山川·历史·人物》系早期所出，流传更少，我亦只存一册，皆不易得，愧无以相助，憾之。

专此布谢，即请

撰祉！

黄裳上　09/4/21

杨栋先生：

承两次惠书，并大作多种，未能及时拜复，歉甚。

《珠还记幸》有自印本一百册，为非卖品，而“三联”

竟为妄加“定价”，不实，也非作者本意。因此汇款求购者纷至，不胜接应之苦。今以一册奉呈，尊款亦付还，我非卖书人，此意请谅鉴。

我已三十年不亲笔砚，凡有要我写字者，都以字丑敬谢。方命之处，统希谅之。

匆此即问

近安

黄裳　06/6/11

杨栋先生：

赐信并新作收到，谢谢。

前些时与止庵论争，实在说不上笔战，我所提出的一些论点，对方一概避而不谈，别寻细故，纠缠不已，我只随意应对，毫未“伤神”，知念，感之。

匆复即请

撰安

黄裳上　10/6/19

致友人

××兄：

昨天，在高温、大□的日子里，收到书店快递送来的《门外谈红》五册，十分高兴（虽仍有错字）。请代向书店为我再要二十本（如有毛边，再要五本）。此外，请兄代向报社要一叠中型信封。

阴历六月中旬，贱降之日，亦即蔡太师寿日，即将来临，想小聚一次，家人之外，拟邀足下及子善兄参加，以报足下整理俞平老函件之劳。这实在是极出色的文献整理工作，堪为典范。

小南国、苏浙汇，吃厌了。兄可有新发现之“馆子”，最好是名厨、老洋房之类，有拿手菜（需预订者），我想花五千元左右吃一顿，请费心考虑。

“文库”中有《梵澄先生》《明式家具之前》两种，未见，望各给我一册。

匆匆。祝

好！

黄裳　2011/7/2

××兄：

数本书、一批信封……均收到，希勿念。

《谈红》毛边本若干册已送来，其实已足用，不多需要了。

宴请事即请费心，来客拟增两位：郑重与陈麦青。凑满八人。陈氏故居之宴，价高是自然的，但望能吃到较别致的菜，请探听后预先预定。最重要的是必由容仪付款，预备带一万元去。席间不妨准备铅笔、笺纸，可随意提问，我也可以随宜作答。

昨日得中华书局新出的《书跋》一厚册，有大量图版，装帧亦可满意，只寄来样本三册，大量书须少待也。

又英文版《彩色的花雨》最近又大印大本（马得插图本），不止一种，小本亦数种，有中英对照者。此书本上海某书店印，早已失效（合同），似可另出单行本（加马画）。这本书在我的作品中是别格，似小说特写，我自己也颇满意，不知可付"海上文库"否？希酌。

匆匆

好

黄裳

2011/7/7

××兄：

才发一信，有数事需要重提，请代办理：

（一）饭馆所在地交通情况（我家四人有车可用）请告容仪。

（二）时间定为七月十六日午饭。

（三）所邀诸人，劳驾代为通知，我就不再写信了（陆、子善、郑重、麦青）。

这四位，你看如何？有何添减，乞示。

《彩色的花雨》中文原刊本，我已无，不知你处有否？数年前“世界出版社”来谈出英文本，先是小册，继而小册英文本及中英对照本，继而大本，颇豪华。初谈时付稿费一笔，无合同。大本凡两见，只是马得插画改变。皆不通知作者。我是从不少读者告知的。书似是在美印，无出版社地址，非常豪华，似此书在海外销路尚广。

只谈这些。天热，多多费心，甚谢。

即问

刻安

黄裳

11/7/8

× ×兄：

生日宴会，劳兄一手操持，感谢无既。事前我因不甚了解市面行情，定所费为五千（如加倍则较好），以致席面不够丰富，不知诸兄吃好、吃饱未？反而收到大批花、书籍……惭愧之至。便中遇见诸友，乞代道此意为感。

阁下之生日蛋糕极好，尤妙者以小花筒代许多小烛，热闹而免我一一吹之。谢谢。

此次小聚最大收获为认识毛尖。最初引起我注意的是她那篇“老头儿聚会”，许久不见如此“记者报道”了，眼睛为之一亮，尖锐、调侃，用笔之活，近时无两。尤出惊者，她在文末提到了钱锺书与周作人“无声的笔战”。如许知堂崇拜者、研究者都没有发现此一“隐性的战斗”。我却不顾与钱公良好的关系，肯定了周的“大米白面”说，实事求是而已。毛尖能发现此一评论，可见她能知人于微，阅读之广，文心之细。她的两本新书，看作风，有与《申报·自由谈》传承关系。鲁迅就写了不少从世俗小事引起的大议论，毛尖亦然。虽然换了另一类装束、声调。这条路很广阔，没有人走，她大可阔步前行。

《书跋》增订本，已寄我十册左右，赠兄及子善……者，加上傅月庵，都可满足。但惮于寄（邮局），所以要你跑一趟，顺便商量《彩色的花雨》插图事。英译本大本小本，换插图又是一本，中英对照又是一本，都不通知我（只最初付过一次稿费），英文本不印出版处，看样子，销路尚好。多种样书都是读者寄给我的。席间见你拿着三本上海三联的本子，能给我一本否?

马得的插图很好。惜已故去。前两年我游南京，曾共杯酒并其夫人，其住址为……选用插图想无问题，我还可以通过董宁文办理此事。

杨绛一百岁，两报都有专刊，理所当然。尊论钱杨，我都同意，只是我喜欢钱更多一些。他的闲谈，月旦人物，妙语如环，真好!

又，西泠的图录见了。不过如此。不知你与他们有联系否？我有黄跋顾校……手迹（在我的批校《藏书纪事诗》中)，如拿出来，可能更有趣些。

又一事，前奉赠我的“年谱”，我本尚有三本，近因与“大家小书”交涉，需查此书，百寻不获，请光临时带下为盼。

楼俨《洗砚斋》，没有问题，只是放在何处，得翻找。此书我曾借与夏瞿禅，他也是研究姜白石的。看过还书，无一言及此书，亦未见有文说及，可见不是不懂就是楼说荒谬，不可知也。

余面谈。祝

好!

黄裳

2011/7/19

××兄：

多谢代寄赠书，已收到不少谢函了。

谢谢寄下张葱玉两种，他的日记简要，不为人所喜，我倒是喜欢读的。发现一事，他在日记后，每以小字记“御一”“御二”，后简为“一”“二”，我猜是记闺房之事的，如迅翁日记之“濯足”也。葱玉有《木雁斋……》一书，已刊，未见，何不一并印之。

港中贵友说“楼集”刊于雍正，与我初意同，而国家图书馆目则定为康熙刻，可以讨论。

书展热闹，惜逢大雨。我的“书展”之议取消，为之大慰，免得与各路英雄同台献丑，幸也。

昨得毛尖一信，不想即复，实不知寄往何处，你遇见她，替我说一声，收到了，谢谢。

这两天想甚忙，《早报》特印了一套“作品”，厚厚一叠，无暇遍读。

匆匆。祝

好！

黄裳

2011. 8. 18

× ×兄：

信收到，同时见《文学报》。韩石山文，竟将足下牵连在内，不胜歉然。

此前，韩某曾撰一文（与此文同）投包头《包商时报》，编者冯传友以原稿见示，问是否作答，当以无聊论争，不欲参加为答，冯回信说“理解”。此事便罢。

不知韩某如何钻得《文学报》之门路，此文不值一答，拟致《文学报》信，大意如下：

一、韩某以编审资格新任新批评之“特邀策划”，深庆得人，为贺。

二、韩某所论皆个人琐事，无关文学评论，出售个人物品，接受朋友馈赠，如非武器、毒品及其他违禁事物，事属平常，国家法律所允许、保护。韩某如有意见，自可任情发表，但以不出之人身攻击为限。

三、我的“文存续编”即将出版，后记所指韩某粪帚文人行径，如造谣诬蔑、人身攻击等，皆有实例，韩某一一回避，不作一答，只遗此题外之文作无聊之口水战，窃以为离新批评之任务过远。时间可惜，篇幅可珍，殊不愿参加此“使刊物热闹起来”（韩某给包头报中语）口水战。

谨陈鄙见，伏维鉴察。

尊见如何？《文学报》编者是哪路神仙，竟收此牛二入门下，前途可知。

这两天正赶看《文存》校样，忙中插此一事，甚无奈也。

匆匆

黄裳

2011/9/29

××兄：

杭游归来否？乐乎？因得示晚，答书懒下来了。细想，我犹未免少年时脾气，此事实以静观为上，对此种人对话，实自取其辱也。且待其尽量发挥，而原形毕现矣。但来函所说韩某《中华读书报》（廿九日）一文，竟未得读，甚望见示。且此后所见韩某之文，皆劳驾加以收集，至盼。

久不为《书评》作文，写了一篇寄上请政。本拟附一书影（荛翁原椟拓片），惜书册大无法复印，是否需要，请酌。《收获》一文想已见，已骗得“高稿酬”一次，因而大翻旧藏，大起“雅兴”，俟少迟当写俞平老文矣。

《南都》有信否？前只寄来报纸一份耳。

此请

刻安

黄裳　二〇一一．十．十四

得示其住址后，已写一信给毛尖，顺便问《彩色花雨》

出版事。

又亟欲读扬之水“日记”，必有佳趣。“五朵金花”只赵君名副其实耳。又及。

××兄：

连得两信，又碧螺春一盒，试之，良好，是真品也。去年曾得新茶之赠，当以新书一册谢之，匆匆忘记，下次光临时当以一册由兄转寄之。中华书券因急需已由弟办好签名钤印，当候三联书券来再劳足下办理也。得来示，耳目顿开，快甚，此后仍盼时加教言，甚盼。“平西王”之称甚合，此吴三桂旧称也。“专征箫鼓向秦川，金牛道上车千乘”，此吴梅村旧句，以今日较之，又大不及矣。又赵万里集已有，下次来时复本当由兄携归。匆匆即颂

近安

黄裳顿首　一二．四．十三

韩某下作，出手惊人。董桥来信，劝我不再与此公纠缠，是也。

××兄：

信悉。我完全同意尊见。我不过是想彼此通通气，并不一定要《上海书评》转载。

我很少写悼文，有很多谊当一写的都未写，如何满子、杨宪益……汝昌这篇躲不过去了。可是文章难写，何况晚年的汝昌，奇思妙想多多，多为我所不同意者，如史湘云为宝玉所最倾心，林黛玉水死，菊花诗全写湘云全传……都和他讨论过，而最严重的是我警告他不可与×某靠得太近，此人实最无耻之人，《××文学》每期有他一篇，全是自吹自擂，以洋人为至上无尊，每篇不忘《×××》与《×××》，丑态可掬。而说到其《××××》之失败，躲闪无痕。读之肉麻。汝昌却赏识此人，赏其探佚。幸而未在《××××》上题诗、题签，实大幸也。

略陈一二，知此文之不好写，但其受×××之打击，实在可怜。书出了许多，而生活并不好，较"××楼"远矣！

最近报刊文字无一可观，《南方周末》竟以林彪卫生员为妙题，实可哀也。《上海书评》的做法（学术为主，高深为用）尚是一法。《文学报》近大热闹，以叶辛的发言最妙，晚报访问主编，以回应无几为憾，仅有二三篇回应，却非"一线作家"，可见其目光所在，在贾、王等"硬柿子"（?），何可笑也。

随意聊天，即问

近好！

近上海书店及海豚颇有新书佳作，可示一二否？

黄裳　（2012 年）6 月 9 日

致于晓明

晓明先生：

手书奉悉，《日记报》前后接到若干份，读来颇感兴趣，日记为文章中重要品种，值得重视。承命题耑，近久不用毛笔，只能以水笔写出，不成样子，不知合用否？

专此复谢，即请

刻安

黄裳　05/8/22

致袁鹰

袁鹰同志：

淮安数日，追随谈笑，至以为快。归沪见港报寄来剪报，系尊作，误寄弟处者，得先睹之快，至感荣幸，且甚佩服。写冷泉亭者，未见有此议论也。因即寄奉。

匆祝

秋安

黄裳　即日

致岳父

岳父大人：

上次大慈来信，说到您最近身体不大好，非常悬念。记得前一信说起，疝气发作，此为宿疾，亦无大患，不以为意，得知饮食减少，且咳嗽，咳为冬令易发之病，服药可愈。饮食则以调理为重，前寄上白参少许，大慈说不知目前能服用否？似不妨少许分次服之。且看反应如何？我近来甚忙，笔债丛集，小燕又发热，今日少退，大慈来亦未得畅谈，如近状少好，盼写数字以告平安。阿姨身体亦宜加意摄卫，康德灵可陆续配上也。即叩

福安

另函致大慈。

黄裳叩上　一月廿二日

致赵景深

景深先生：

示悉。我和潘际坰同志在平明所编的“新时代文丛”在去年上半年就已经停止出书了。所以关于方滢的遗作，不可能编进去。非常抱歉。但该社编辑部还是收外稿的。您不妨直接寄去试一下看。

我们的办公处最近迁移到武定路 1498 号，附闻。

此致

敬礼！

黄裳　（一九五四年四月）十九日

注：所用笺纸、信封均为“中央人民政府文化部电影局上海剧本创作所”专用。

致赵晓林

晓林先生：

赐信两通及复印一叠俱拜收，不胜感谢。此事本托周晶处理，不想他竟将此繁琐任务转嫁于阁下，不及料也。

读者为作者衣食父母，尊藏拙作甚多，闻之不胜感愧。《珠还》一书特印本，当有数册，常有读者欲购取，我非卖书者，不能不婉谢之，此意请蒙亮查。有港版自选集一册，大陆未见发行，想亦未见，谨以一册奉呈，以报雅意，祈赏收为幸。匆此即请

近安

黄裳上　08/9/30

致周晶

周晶同志：

收到惠赠献唐先生遗书四种，甚谢。此四种书皆尚未上市，得快先睹，尤以为快也。印数甚少，赔本必多，对贵社此种从事文化积累不计盈亏之精神，极为佩服。

关于题跋文，零碎杂置，尚未理董。此外，有“读书记”稿一束，为记所见所藏善本书之提要，不知合用否？亦尚待整理也。手边有成稿《清代版刻一隅》一书，取清初至清末刻本之精善并有代表性者二百种，每种一页书影，并附说明。前加序目，本想用珂罗版线装最好，如不能办到，即钢板亦可。此书不知贵社有可能采用否？书皆出故藏，拟付照相馆拍照成编也。

我的几本书您都已有了，新书尚未出来，先以香港印的一本小册子奉寄，乞哂纳。

匆此复谢即问

编安

黄裳　（一九八六年）九月十七日

周晶同志：

来信收到，拍照费三百元（连前寄四百元）亦已到，当遵嘱从容拍摄，但在作者总是希望书能早出为好，希亮察。

要我写字，实不敢当，我已近十年不弄笔砚了，手头也已没有了“家生”，何况小字尚可，少大必丑。不可言乎？

匆复即候

近祺！

黄裳　（一九八七年）四月四日

周晶先生：

久不通讯，适逢新岁，敬祝年禧多福。

拙稿两种不知今年能列入计划否？又贵社新出何好书？

俱在念中。近买得《玉溪诗醇》一种，他则未见也，得暇请赐书为盼。

即祝

近安！

黄裳　（一九八八年）一月二日

周晶同志：

前信谅已收到。

现在得到《清刻之美》一文的复印件，兹寄上。可能你已经在《读书》上找到了。

匆祝

刻安！

黄裳　（1990 年）10/27

周晶同志：

手书奉悉，知《一隅》列入今年出版计划，甚幸。

内山书店人自前年晤后，未再联系。是此店并非大出版社，未必能订印若干也。出版困难，《新录》承印出，恐赔累不少，至今不安。总之，贵社能为出版学术书尽力，在今日自属难得，我是山东人，能得出书于桑梓之地，亦幸事也。

编排方法，以为每种前加书名大题，后配以书影、说明附于其后，似较合适，不知以为如何？此书古字甚多，校勘不易，清样乞赐一读，当细校也。

《新录》近发现尚有少数错字，有些系因原稿不清。如有再版机会，当将校本寄呈也。

我与内人于 1989 年晚秋曾回里一行。在济停留数日，因路径不熟，未能往访，至以为憾。曾撰《还乡日记》一篇，详记游踪，发表于《收获》杂志，有暇不妨取阅并赐教也。

匆复即请

撰安

黄裳　（一九九一年）一月十五日

周晶同志：

信收到。关于缺少照片事，我仔细查了一下，有一份目录的改稿，您所开列诸种，都是我自己删去的。未能在原稿说明中删除，甚憾。上次所寄照片无误，一起共 206 种，如与您手头所存相符，则可证明所存无误也。

《归怀》《燕笺》两种，与《微音》版式无异，也是我自己删去的。

此书如可付排，请即照现存照片，删去所有各种之文字，付排可也。

您所说的版式，完全同意。

排好后，如能以校样见示，得自校一过，最好。

封面装帧，以素朴为宜，一听安排，我无意见，题签我想可以改去手写格式，即用老宋体放大可矣。如能从宋本书中集字更好。

内山书店事，因年来未能接触，不能接洽代销事，甚憾。香港三联书店，一直是国内出版物代销机构，此书当可由他们经售。该店总编辑董秀玉女士与我相熟，如拟通讯联系，可将此书简介寄去，并提一下我向她致意，请予协助之意，或可为销行少为助益也。

匆复即请

撰安

黄裳　（1991 年）5 月 25 日

周晶同志：

承惠赐《渔洋精华录注》两册，谢谢。此亦乡贤著作，少翻阅，见校订精审，至佩。渔洋著作甚多，全集必甚美富，其生前陆续刊行之小集，后采编全集时多有删改，其序跋皆不存。不知新出全集曾广搜原刊小集汇录并校补否？此亦要事，可见新刊之功力也。

匆此复谢即请

近安

黄裳　（1993年）6月30日

周晶同志：

前承过访，并邀庆祝贵社成立十五周年大会，本拟赴济参加，而近来家人患病，需人照料，我未能远离，遂不能如期赴会，深感歉仄，谨以此情奉告，请代向贵社领导及田忠超、陈丽同志转知为感。

即请

近安

黄裳　（一九九四年）十一月十五日

周晶同志：

接奉惠赐《脂砚斋评红楼梦》两册，谢谢。

《一隅》重版不知已付厂否？又发现一，希能补入。

第四行（P. 24），“卷首有族弟孙邝露重镌”一行之“弟”字应改“来”。文后请加：

按“赤雅”有道光刻，各卷卷首大题为“南海邝露湛若撰，族来孙芝房瑞重镌”，与此本不同。又此本扉页题“扶南海雪堂藏书”，而邵注四库目著录道光刻本，则作“扶南恬淡山堂刊本”。是此书有两刻，附记于此。

匆匆即请

近安！

黄裳　（1995年）4月6日

周晶先生：

手示奉悉，承见告又有两种清代版刻图录即将问世，谢谢。不想此寂寞生活又有继起者也。黄永年序处处以顾廷龙、潘景郑之明本图录为例，而绝口不谈《一隅》，事甚可笑。读其序，知此书编例，意在求备，而不弃通常书本，我的《一隅》则反是，所求几近是不常见者，黄君对“珍本秘籍”颇有微词，而斤斤于“代表性”者，此即与我著书用意最大区别所在，亦不可代替《一隅》之要点也。

您所买我的旧藏书，不知何以流入市肆，旧藏零散者多矣，我亦不能道其种种，可为一叹。

匆此即问

刻安！

黄裳　（1997 年）5 月 14 日

周晶先生：

寄上书跋七页，承蒙利用，盼能一次刊出。

《清代版刻一隅》一书，书影制版不佳，是一憾事。现在印刷条件进步不小，不知能就原摄影片以影写版重印否？上海出版社有意重印此书，保证制版上佳，因与贵社旧关系，故先奏陈请酌。又此书未订合同，而贵社版税过低（即《藏书家》稿费亦然），不知能重订否？

前告《海源阁书目》，终未见书，是否请代购一册寄下，书款即于稿费中扣下。又贵社近出何种新书，都无所知，亦乞告知一二，俾选购。

匆祝

秋安

黄裳　（二〇〇〇年）九月三日

周晶先生：

破一日之功，抄得书跋三页，谨以奉呈，目昏神倦矣。

盼善为校对，无错字为好。

稿费尚未得，我固不待此戋戋者举火，但齐鲁书社以此种方式对待作者，窃以为非好事也。一笑。

祝

好

黄裳　04/8/28

周晶先生：

尊函及《藏书家》两册俱收到。

此刊创刊迄今，于藏书界颇有影响，今竟辍响，不胜惋惜，于齐鲁声誉，亦有损。今日好此道者不少，必有好事者继而行之，重刊可必也。尚望先生贾其余勇，从旁扶掖，不胜欣盼。聊书所感并致慰，乞亮之。

匆祝

撰安

黄裳　05/4/12

《版刻一隅》近拟增补重刊，附闻。

周晶先生：

惠函奉悉，《海源阁目》两册亦收到，谢谢。此目编制甚善，材料丰富，向所未知，因未亟亟求之。今得惠赐，少加翻阅，始知甚佳。铭感无既。

《藏书家》休刊后记，虽经书社主持人少加改动，留一线之光明，揣想此刊成绩不恶，为齐鲁书社一块招牌，必不肯轻易放弃，复刊有望，可预卜也。您虽退休，然精力未衰，仍可努力发挥余热，盼盼。

《一隅》尚在补充整理中，今年或可出书，出后当奉呈一册请教。

即问

夏安

黄裳　05/5/15

周晶先生：

我接到《日记报》于晓明先生一信，嘱书书名。因寄来时的封套已失，不知地址。该报似在济南，先生必知其踪，敬请转致，甚谢。

《一隅》新版已排好，今年可出，当寄呈请教。

即问

秋安

黄裳　05/8/22

周晶先生：

得来电后于忙迫中抽暇录书跋数通，寄呈审定。

匆祝

近安

黄裳　07/2/3

周晶先生：

杂志两册收到。内容甚佳，尤以林夕及考冬心书两文为佳，甚佩。

请再寄我一册为盼。

续寄书跋十一页，并附书影，务请插入各文，可增读者兴趣，且存故书面目，大佳事也。（过去未刊书影，可惜。）

我的身份证号码为310103190615321。附闻，即问

编安

黄裳　07/6/25

我那篇东西，有错字四五个，如出刊尚早，最好将校清样寄我一看，以免错字。又及收到后请见复。

周晶先生：

手书并校稿，今校讫寄还，有几个“奇字”，似应铸新字。校书无他术，只通读时见有不通处、不雅处，即检原稿，必是误字。此法不知以为然否？

裳有老友蒋仁渊（蒋梦麟先生子），在山东工学院（或已改大学），年与弟相若，久不通讯，寄信亦不答，非常挂念，他的通讯地址是“济南经十路 100 号六号楼 101 室”，不知您能于暇时一访，以近况见告否？多多麻烦，不罪为幸。

匆请

近安

黄裳　〇七．十．廿三

周晶先生：

奉手书，知专程往访蒋仁渊兄经过，不胜感谢。蒋兄老病至此，犹念故人，情感令人凄恻，所幸犹健在，可慰离情，甚望得其手书，目疾至何种程度，颇难肌测。惟对您殷勤访问，慰其晚景寂寥，衔感无既也。

《藏书家》缺点之一在校对欠佳，此于文献文字为一大病，他人援引时，多因而致误，此番校后，想无大错，欣幸之至。何日出书，盼盼。

匆匆复谢，不尽欲言。

即请

近安

黄裳　07/11/5

今后出刊后，希多赠不切边者两册，甚谢。

又：《前尘梦影新录》将由浙江富阳古籍社影印出版，附告。

周晶先生：

《前尘梦影新录》定于五六月后出书，当奉赠，不劳别购也。书跋陆续写成数页，连同书影奉寄，仍如前例，校样由我先看一过为盼。

蒋仁渊兄已来信，并寄近照一张，信亦请人代笔，可见目疾已甚，念之无已。您多方垂顾，尤令感念。

匆此即请

冬安

黄裳　〇七．十二．十三

近有张国瀛君来信，说由您约其撰文介绍我的藏书情况，已写信谢之，不欲有此种文字问世。此公读我的文字极少，所知无多，必不能撰此种文字，近又来信要我预备拙著数种（皆与藏书无关），他将备价来购。我非卖书人，不欲多所交往，不拟复之。乞阁下致书于彼，打消此念。谢谢。又及。

周晶先生：

前寄书跋稿，中有两篇已刊于贵刊，年老多忘，慊然。请抽下，当别增数篇，但需少待，因近来多忙也。

匆匆

黄裳　07/12/21

周晶先生：

前所寄稿，有与前刊重复处，已写信奉告抽下。想已收到。

近日多忙，不及补作，偶捡得“梦雨斋读书记”五叶，即以奉呈，可随意安排，用“梦……”可，用书跋亦可，附书影照片三张。此文系我恭楷所书，可细校，可无误字。

以上影印原稿及照片，用后务希寄还，因我处仅存此本矣。千乞掷还为要。

得此信后，请来信告已收到，以免悬念。

匆祝

编安

黄裳　08/1/2

周晶先生：

赐信及校样等收到，看毕，今寄还。

“藏书记”承亲为重抄并断句，无多误，足征先生对古文修养之深，贤于今之大学教授辈远矣，佩甚，并向尊夫人致谢重写之劳。

《前尘梦影新录》影印本，周前曾见样本，甚为满意。用纸旧有黄白之分，影本亦分别用竹纸，宜更可见郑重将事，书月末可得，当即寄奉。

新书两册，皆由出版社打理，我未预闻，故未写序跋。

匆问

近安

黄裳　08/4/16

周晶先生：

承来电约稿，最近少忙，实难抽暇抄写旧跋，难以奉命，歉甚。今捡得手稿本一册，或此后之稿，改易新名，即用此稿本：（一）复印；（二）加标点；（三）付排；（四）以排印校样寄我看后定稿。此法如何，题目即用“来燕榭藏书簿记”，此稿可连用数期，可不愁缺稿矣。原手稿请注意保持完整，用后即退还如何？

此册所记之书，或已前见，唯题记别有看法，不妨别见，遵意欲加选用，亦不妨。

另事，近拟重版“书跋”，拟将在《藏书家》所刊十二辑跋文收入，我处所存旧刊残零不全，拟请阁下为我重印（复印）一份（一至十二），不知可见允否？此事麻烦，专此奉恳，感谢无既。

匆此即请

撰安！

乞复一信，我听觉不佳，电话听不清楚。

黄裳上　08/9/6

周晶先生：

手示及稿本《簿记》，新刊校稿俱收到，请释念。

校样已看好，今寄还。甚少错误，先生精心处理。感佩之余，更深不安。

您只选了八则，出我意外，本想可供几期稿用，今后甚难别出新题，为可虑耳。

前请复印旧文，已得。原不想以此琐事奉扰，今得您转嫁尊友代办，感谢之至。

匆此即问

刻安

黄裳　08/11/2

周晶先生：

承赐书并命题字，甚感愧悚，辄以墨水笔书四字，不知能用否？又惠允以尊社刊书相赠，甚感，唯不知贵社刊书细目能否以一信见示，可从容选取，以免赠书非所欲得之憾。

匆复即问

近好！

黄裳上　〇九．一．六

周晶先生：

得读新刊《藏书家》，质量且胜于前，读之得益甚多。先生“编后”更多奖誉，阅之增愧，如何可言。阅新书广告，有

《杜集叙录》

《红楼梦的现代误读》

两种，颇欲一读，前承允以新书惠赠，欲以两种为请，不知能见赐否？

匆此即叩

春禧！

黄裳　09/2/3

周晶先生：

赠书两册拜收，谢谢。

贵社周年纪念事，赐函已说起，我即写“海岱人文”四字寄奉，谅无不收到之理，请一查。

我书法不成家数，尤不善题词，无能为役，伏乞鉴谅为幸。

匆此即祝

春祺！

黄裳　09/2/25

周晶先生：

最近报社转来一封被邮局退还的旧信，是我应您之约，立刻写了题词（写得草率，不好），我的原信封写得清清楚楚，何以被视为“地址欠缺”，不理解。

事已过去，今仍寄上，表示一点“负责”的微意。

匆祝

近安

黄裳　09/5/2

周晶先生：

惠函并《山东省图书馆珍藏图录》等两书俱拜收，谢谢。请向出版社领导同志致意，不另。

忆五十年代初，我参加老根据地访问团曾过济南，抽暇访山东图书馆，得晤王献唐先生，得观馆藏，临别以一油印本《由渝迁返善本书目》（油印本）见赠，其中颇有佳册，如士礼居跋藏本等今俱不见著录于新书中，不知五十年中馆藏变化如何，此亦佳史料，不妨于《藏书家》中记之。

匆此复谢，即请

近安

黄裳　09/06/16

周晶先生：

来信及《藏书家》三册收到，知此刊将暂停若干时，岂韦力投资不继耶？其实此刊发行如能保本微利，则书店可继续经营之，此齐鲁“招牌菜”之一也。

承示山东图书馆及文管机构、王献唐先生种种，甚谢，此中委曲，外人不能知也。当日王先生所赠自渝归来善本书目一小册，油印本，鄙藏“文革”中掠去，书目类书多未见还，此册亦其一也，不能提供复印件，歉甚。请转告图书馆负责同志，不另写信。

匆祝

著安

黄裳　09/7/8

蒋仁渊兄近况如何，曾见之否？乞便中示知。

致周雷

周雷同志：

收到您给我们拍摄的三张照片，又《中国地方史志》两册，非常感谢。您是否也参加地方志编纂工作？这是个非常重要也非常艰巨的任务，多少年来无人提起，现在受到应有的重视并上马工作，真令人高兴。

红楼梦研究仍进行否？念念。

匆此复谢。

即问

冬安

黄裳上　（一九八二年）十二月廿一日

致朱光耀

燕：

飞机非常舒服，起飞下来，一些没有异常感觉。

九时到合肥，在下雨。

在飞机场发此信。

祝

好！

裳　当日九时

在合肥休息40分钟，那封信到北京投邮。

燕：

到杭州已三天，住在大华饭店，很好，有热水洗澡，和我们上次住的西泠饭店差不多。

第一天游湖，第二天到富春江、瑶琳仙境了，一天，这个石洞太好了，千奇百怪，想象不出，到处人，都看王丹凤，我们帮人跟班，在灵隐吃了一顿素菜，好吃得很（稀奇），楼外楼大吃一顿，收三十元。

第二天晚上去看杜岑芗、老王，他们在看电视，坐了一小时，九时回来，毛衣和酒都交给他们了。

今天还游湖（第一天坐了船），明天去绍兴，准备十七日晚车回沪。

身体很好，昨天又爬了山，上下一千二百级，洞，也爬山，不疲倦，洗一热水澡，睡得很好。

书、报、信件放在一处，不要弄乱。

到绍兴再写信。问

好！

裳

题词

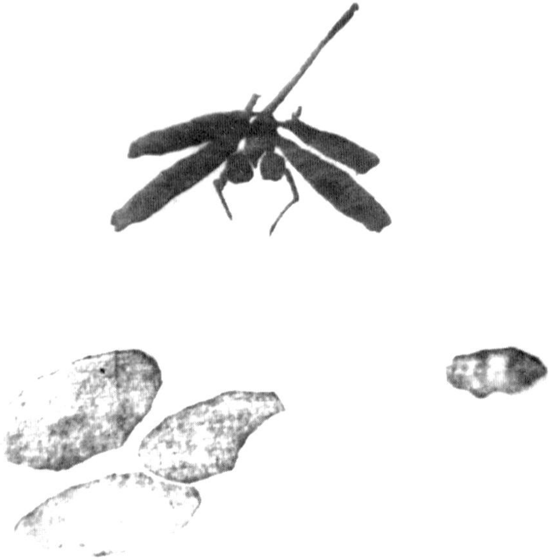

一

一九八八年春，来游汉中，邂逅建民同志，出此册命题，因记。　黄裳　四月廿四日

题《过去的足迹》，黄裳著，人民文学出版社1984年版（杨建民藏书）

二

海棠影下，吹笛到天明

一九八八年四月游汉中　建民同志书宋人词即乞正之　黄裳

1988年4月24日于汉中为杨建民题词

三

春雨楼头尺八箫，何时归看浙江潮？

芒鞋破钵无人识，踏过樱花第几桥？

曼殊句书应姜鹏先生之嘱　黄裳（“黄裳”阴阳文印）壬午春晚

注：壬午指2002年。

四

不废江河万古流

黄裳　2003．8月

为《寻根》杂志题词，刊《寻根》2003年第5期封二

五

莲花池畔水青青，

芳草依稀绿未醒。

三百年前家国事，

一齐都付与沧溟。

五十年前游昆明，于莲花池畔得见陈沅画像，因作小诗书奉小铁先生。癸未夏黄裳（“黄裳”阴阳文印）

注：1946年作诗，2003年书赠吴小铁。

六

书赠大宅门酒家

居临葛岭招贤寺

门对孤山放鹤亭

乙酉新秋黄裳

注：乙酉指2005年。

七

唐弢藏书·签名本风景

黄裳

《唐弢藏书——签名本风景》题签，于润琦编著，中华书局2006年12月版

八

书贝集

黄裳 署

为凌济题书名

醋鱼醇酒绿莼羹，
不是湖楼浪得名。
如此好春拚一醉，
醉看红袖更倾城。

五十年前游湖上漫成小诗，书似凌济先生哂正。黄裳(印)

2010年5月18日题诗笺赠凌济

九

海岱人文

黄裳（印）　戊子岁晚

为齐鲁书社建社30周年题，刊《藏书家》第16辑

十

秋缘斋书事

黄裳署

为郭伟（阿滢）题书名

十一

聚雅斋

黄裳署（印）　壬辰春

为山东中国文学艺术博物馆馆长徐国卫题斋名

十二

待雨轩读书记

黄裳　署

为吕浩题书名

十三

书林小歇

黄裳

潜庐藏书纪事三编

黄裳　署（印）

为徐明祥题书名

十四

铁肩担道义

妙手著文章

中华书局百岁庆典

黄裳谨祝　（朱文印章：黄裳）

为中华书局成立百年题词

十五

西塞山前白鹭飞，

桃花流水鳜鱼肥。

青箬笠，绿蓑衣，

斜风细雨不须归。

周晶同志索书，久无以应，适得小笺，尚精好，漫书张志和词，即请雅教。黄裳（印）

题词笺赠周晶

十六

秋老江南有落霞，吴王峰顶望回斜。

更从何处寻诗句，愁绝明湖紫玉槎。

樽前原自有明眸，一语温馨绕耳柔。
美人何似将军样，忍使人间见白头。

唱断春灯绝妙词，红绡泪影正如斯。
阿谁寄与簪花样，梦雨春回溅紫墀。

明圣湖边褪紫绡，影中人语自迢迢。
记曾江上得佳句，归去吴歈卷逝潮。

顶礼维摩愧未能，尚馀影事记来曾。
调筝人去萧条甚，蹀躞秋林味似僧。

惯从人海看浮沉，梦欲醒时恨亦深。
尚留缣素鸾鸿影，消受当时展转心。

三十年前所作和唐弢湖上诗，归已不复省记。近偶检旧报见之，书寄承勋我兄，俾忆我当年发魔时也。

戊午春暮　黄裳　钤印：黄裳（朱文）

题词笺赠罗孚

十七

菰蒲清浅水平沙，着个瓜皮艇子斜。
榜尾斜阳成一顾，为渠烘上脸边霞。

醋鱼醇酒绿莼羹，不是湖楼浪得名。

如此好春拚一醉，醉看红袖更倾城。

此三十年前所作《湖上杂诗》，不成腔拍，聊记一时兴会而已，会承勋兄索书旧作，因书此以博一笑。

一九八七年五月　黄裳　钤印：黄裳（朱文）

题词笺赠罗孚

题跋

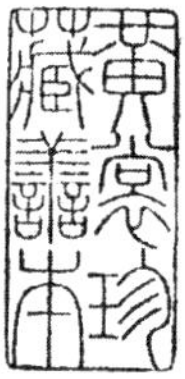
黄裳珍藏善本

题《王荆公年谱考略》

1. 此金溪蔡氏所撰《荆公年谱考略》，名著也。久欲得一本，而原板绝不可见。此燕大排印本亦殊罕传。今日过市选书又来，忽抽得于架上，遂得之归。时春雨初晴，余寒尤厉，漫记卷端。丁酉四月十九日。（“黄裳”白文印）

2. 此本排印不精，误字时时有之，如飞尘之入目也。漫阅一过，上翔固为荆公功臣，然亦不免师心自用，辩谬颇不以理，甚至直斥群书为伪，似亦不免过甚。荆公平生行事尚大有可资研讨者是也。戊戌正月初一日午后书。

《王荆公年谱考略》，清蔡上翔撰，上海图书馆藏书，二十五卷首三卷杂录二卷附录一卷，五册纸本。书内钤有“黄裳”“黄裳青囊文苑”“来燕榭珍藏书籍”印记。

题《醉月居诗钞》

此亦光绪中无锡木活字所印书，此种颇多，亦俱精好。余所藏都十许种，皆不恒见。当时每种所印不过百余部耳。丁酉六月黄裳

《醉月居诗钞》一卷，清青浦叶世熊撰，清光绪间刻本，竹纸，线装，一册一函，黄裳藏。钤印：“黄裳青囊文苑”“黄裳小雁”。

题《屈子贯》

1. 此《屈子贯》五卷二册，尚是康熙中刻本，颇罕见。说屈赋者多矣，余每见必收。此书别无胜解，然尚平易可喜耳。书从四明故家流出，石麒介以归余者。壬辰十月。（“小雁”朱文印）

2. 乙未二月十五日装毕。黄裳。（“黄裳”朱文印）

3. 壬辰十月初海上所收。小雁。（“朱光耀”朱文印）

《屈子贯》五卷，清张诗撰，清康熙四十年（1701）孝友堂刻本，一册。每半叶十行，二十一字，四周单边，黑口，双鱼尾。钤有“黄裳壬辰以后所得”朱文印、“来燕榭珍藏记”朱文印、“黄裳”朱文印、“黄裳藏本”朱文印。

题《瞿忠宣公集》

此《瞿式耜集》刊于身后几二百年，传本颇稀，至光绪十三年乃更有重刻之本。此本藏虞山旧家几百余年，以文网之密，终无敢以之刻行者，后终成于蒋伯生、李申耆手，亦胜缘也。式耜为牧斋弟子，《初学集》《石田集》皆耕石斋所刊。知其人亦甚喜文事，而大节炳然，视乃师之低首事仇者，乃不可以道里计矣。今日漫步街头，于冷摊收此归。而记数语卷尾。乙未冬至后二日。来燕榭记。（“黄裳小雁”朱文印）

《瞿忠宣公集》十卷，明瞿式耜撰，清道光间刻本，蒋因培等校，六册。每半叶十二行，二十二字，左右双边，黑口，单鱼尾。此书钤有“黄裳藏本”朱文印。

题《西圃文说》

1. 此田山薑所著书，得之来青阁中，□可观也。丁酉上元夜。黄裳记。（“黄裳”朱文连珠印）

2. 德州田氏所著书为田子（氏）父子汇著，书刊于康熙乾隆中。余箧中旧有《古欢堂集》及《黔书》等，为秀水庄氏兰味轩所藏，后更得同之所著数种。只此论文论诗论词一册，最可赏玩，因□箧中。癸卯又四月廿五日坐雨书。

《西圃文说》三卷，清田同之纂，清刻本，一册。每半叶十行，十九字，左右双边，白口，单鱼尾。钤有“黄裳藏本”白文印。

题《经笥堂文钞》

汉文渊书肆主人死于去年，余已久不过之矣。今日忽见翻修市房，新迁于迻东，新址陈书满架，乃更过而观之。见新收粤人李某故书一批，乃索观之，选得此伊墨卿刻《经笥堂文钞》及朱石君《知足斋文集》并《词集》二三种以归。尚有清初写刻本数种，以议价未□，当缓缓图之。乙未清明日来燕榭中记事。（“黄裳”朱文印）

《经笥堂文钞》二卷，清雷鋐撰，清嘉庆十六年（1811）伊氏秋水园刻本，二册。每半叶十行，二十二字，左右双边，白口，单鱼尾。钤有“来燕榭珍藏记”朱文印、“黄裳”朱文印。

题《兰韵堂诗集》

1. 日昨偕燕去吴下妇家，携家藏沈云椒所书楹帖一纸。妇用高丽旧楮作米书，而精整别无不羁之势，图记二方极精墨渖。因缘殆非偶然也，重检此卷因记。乙未人日来燕榭记。

2. 此本罕传，前当尚有《御览集》四卷，余收清初刻梅道人遗墨中有小雅印记三方，曰“知非楼藏书记”，不知谁何？亦博雅之士也。乙未新正初五日雨窗记，黄裳。

3. 甲午小寒前一日海上收，黄裳记。（“黄裳”朱文印）

《兰韵堂诗集》八卷，清沈初撰，清嘉庆间刻本，四册。每半叶十行，二十一字，左右双边，白口，单鱼尾。钤有“来燕榭珍藏记”朱文印、“黄裳”朱文印。

题《敬孚类稿》

此桐城萧敬孚遗集，今日傍晚雨后漫游坊市，得于传薪书店。得阅一过，文气卑□，所见亦未广，不足重也。所记黄跋《郑桐庵笔记》及叶石君校《吕和叔文集》，今故在余家，即自赵静庵家流出者。敬孚与赵君交往□密，遂多见其书也。癸巳五月初一日，黄裳记。（“黄裳”阴阳文印）

《敬孚类稿》十六卷，清萧穆撰，清光绪三十二年（1906）刻本，四册。每半叶十二行，二十四字，四周单边，黑口，单鱼尾。钤有“来燕榭珍藏图籍”朱文印。

题《远春诗词赋钞》

此张金冶集，余旧有《远春词》二卷，今日无意得此于海上旧肆。诗词赋俱有之，为之大快。《贩书偶记》著录此本为道光戊戌松风草堂刻，《诗选》六卷，《词选》二卷，赋则无之，已是重刻之本矣。此原椠，更可珍重。携书归来，小饮灯下作记。戊戌残腊，黄裳书。

《远春诗词赋钞》七卷，清张兴镛撰，清道光间刻本，二册。每半叶十行，二十一字，左右双边，白口，单鱼尾。钤有“黄裳藏本”朱文印。

题《芝庭诗稿》

《芝庭文稿》八卷，《诗稿》十四卷，乾隆戊子至庚寅所刊也。此本只《诗稿》十卷，当是最初刻本。又乾隆六十年季子绍升编刻《芝亭集》十八卷附一卷更脱出矣。丁酉三月廿三日得书归来灯下坐雨书。(“小雁”朱文印)

《芝庭诗稿》十卷，清彭启丰撰，清乾隆间初刻本，二册。每半叶十行，十九字，左右双边，白口，单鱼尾。钤有“来燕榭珍藏记”朱文印、“黄裳壬辰以后所得”朱文印、“黄裳藏本”白文印。

题《翰村诗稿行卷》

丁酉六月初八日，收此《翰村行卷》六卷。羹梅为饴山先生弟子，似久居因园赵氏家塾，终于赵氏者。此集刊刻与《饴山诗集》□同，然语颇凡，近则不及师门远矣。黄裳记于来燕榭中。

《翰村诗稿行卷》六集，清仲昰保撰，赵执信鉴定，清乾隆十九年（1754）因园赵氏刻本，一册。每半叶十行，二十一字，四周单边，白口，单鱼尾。

——以上九则录自张若雅《苏州大学图书馆馆藏黄裳藏书题跋甄录》（《晋图学刊》2014 年第 1 期）

题《六子书》

1. 嘉靖樊川别业本《列子》八卷，乙未中秋重装，来燕榭藏百嘉之一。

2. 此嘉靖时刻本《列子》八卷，版心下题樊川别业，不知何人所刻，尚俟博考。此亦嘉靖刊本别格，世不经见，石麒携以见示，喜而留之，以备百嘉之一品可也。辛卯清明前一日即母亲大人寿诞之日，黄裳识。钤连珠印：黄裳（白文）。

3. 朱批：乙未中秋后四日装毕。黄裳。钤印：黄裳小雁

（朱文）。

《六子书》，明许宗鲁编刻。十行二十字，白口左右双边，版心下镌“樊川别业”。钤印：“黄裳百嘉（朱）”“黄裳藏本（朱）”“黄裳青囊文苑（朱）”“黄裳容氏珍藏图籍（白）”“黄裳小雁（朱）”“黄（白）”。

题《墨缘汇观》

昨日假得抄本姚大荣《墨缘汇观撰人考》，漫读一过。今日过市发兴买此册归，此亦名书而余未尝有之，近来渐好就书画，乃欲得旧书画著录书读之，得此以为启蒙之物，亦可笑也。姚氏所考为摘记如下，以便省览。甲辰十月廿五日灯下记。

《墨缘汇观》，清安岐撰，上海图书馆藏，民国三年（1914）铅印本，一函五册，白纸。

题《南河印怡》

丙申春日所收，与秀峰秋室印粹同得。小燕。

《南河印怡》二卷，清汪启淑鉴定，柳洲著，程芝华参订。版式为四周单边，单鱼尾，书口上镌“印怡”，鱼尾下镌卷次、页码。鉴藏印：“黄裳青囊文苑（朱）”“黄裳（朱白）”。

题《南田诗钞》

庚寅中秋前二日，天气晴好，晨起出游，阅肆于秀州书社旧所，《南田诗抄》两册，尚是康熙刊本。《瓯香馆集》刊于道光丙午，此刻尚早数十年，版刻精整，传本甚稀，虽六逸不可并得，亦可珍也。暇当倩工重装之，俾与两峰香叶草堂诗并储之。晴窗展卷记。黄裳。

《南田诗钞》五卷，清恽寿平撰，清康熙五十六年（1717）山阴孙诜刻本，一函二册。书钤藏印：“黄裳珍藏善本（朱）”“黄裳珍藏图书印记（朱）”“黄裳青囊文苑（朱）”。

题《七录斋论略》

1. 壬辰夏日得此山阴祁氏藏书楼旧储本。小雁。（“黄裳壬辰以后所得”朱文印）

2. 此张天如《七录斋论略》二卷，余与澹生堂遗书多种同得，后尚有续刻文，今不存矣。七录斋集余所见数本卷数皆不同，盖当时刊刻先后有异，且遭禁毁，遂致如此。测海楼目中著录《七录斋文集》六卷《论略》一卷，是后于此刻者。又尝于郑西谛许偶得一本，卷数更多，是刻更在后矣。此册封叶犹存，文集附于卷尾，是单行最早刻本，世未尝见，可重宝也。壬辰秋分前四日，小雁为黄裳书。（“黄裳百嘉”朱文印）

《七录斋论略》二卷，明张溥著，此本九行二十字，白口，四周单边，前有张采序。钤藏印：“草草亭藏书记（朱）”“草草亭藏（朱）”“黄裳青囊文苑（朱）”“黄裳藏本（朱）”“黄裳百嘉（朱）”“黄裳壬辰以后所得（朱）”“上海图书馆藏（朱）”“上海图书馆退还图书（朱）”。

题《香叶草堂诗存》

1. 罗两峰诗，黄裳。

2. 此罗两峰《香叶草堂诗存》，亦清刻中之善本也，余前买有一部竹纸，而较此阔大，盖十年前事矣。今日过市又遇此本，仍买之归。佳本盖不惮复收也。壬辰九月十七日，小雁。（“小雁”朱文印）

《香叶草堂诗存》，清罗聘著，清嘉庆元年（1796）刻巾箱本，一函一册，白纸。钤藏印："来燕榭珍藏记（朱）""黄裳壬辰以后所得（朱）""黄裳藏本（朱）""木雁斋（朱）""草草亭藏（朱）""小雁（朱）"。

题《菊部群芳》

1. 三十七年九月十二日得此钞□于苏州护龙街上。黄裳。

2. 钞本《菊部群芳》，写手甚精，卷十时有墨笔批注，亦殊精妙，惜不知出谁何手。三十年前得之姑苏，久已不忆曾有此物矣，近乃随群籍同被放归，喜不自胜，查《道咸以来梨园系年小录》，证之诸伶生年，知此册写于同治十一年，盖已在一百十二年前，亦可云旧钞，所记梅家故事，有畹华所不及知者，惜未示之。癸亥十一月廿四日黄裳记。（"黄裳"朱文印）

3. 此钞本一册，余获之姑苏护龙街之旧肆，价甚廉，所记皆清末北京菊部故事，更有旧人批语，详著诸伶家世居址，似于此道甚熟者，不知谁何。余近游京，数遇朱茅、百顺胡同及韩家潭，不独相公堂子久已无存，而所谓八大胡同亦已封闭，妓女多从事生产学习，此数千年来恶习，一朝尽去，不可谓非快事。归沪后展书及此，重加翻阅所记，更有开元、天宝之致矣，然据之可考见晚清菊部情况，非为无用之书，因亦藏之箧中。一九五〇年二月十二日，黄裳。

4. 又按篇中所记时小福生年，此书做时当为光绪三十三年，而别作菊部群英，见陈墨香《时小福专记》文中。裳又记。

《菊部群芳》，清同治十一年（1872）红格钞本，竹纸，线装，二册一函。钤印："黄裳（朱二白一）""黄裳珍藏善本""黄裳鉴藏""黄裳珍藏图书印记""黄裳藏书""上海图书馆藏""上海市文物图书清理小组图书退还章""黄裳容氏珍藏图籍"。

题《苍梧词》

1. 余尝得康熙刻《诗余》二卷，板片为妄人割去撰人名姓及书名，别题《放翁词选》，而卷中则皆与董舜民、周栎园、曹南耕、吴天篆诸子倡和之作也，暇检此集及《南耕词》，乃知其为何省斋作，遂大喜，自以为读书得间也。丁酉十一月初六日夜记。

2. 此苍梧词集，近人景康熙原刻重雕本也，颇精好，殊不亚于双照楼所刊诸种。今日偶遇旧肆，买之以备读藏一品。原刻不知尚存否，冀能旦暮遇之。乙未十月廿二日晴志记。黄裳。（"黄裳"朱文印）

《苍梧词》十二卷，清武进董元恺撰，新城王士禛评，民国壬申（1932）董康刻本，罗纹纸，线装，原装四册。钤印：“来燕榭珍藏记”“黄裳浏览所及”“黄裳”“来燕榭藏旧本诗余戏曲”“黄裳小雁”“上海图书馆藏书”。

无　题

此佳书也。苍雪诗自佳，陈援庵云“非徒为僧中第一，或且为晚明诗人第一”，此一事也。又此集经陈乃乾、王培孙二君详注，于明清易代时人之世不习知者，所辑选事甚详。王氏多藏秘书，集部尤夥，凡此皆可为读明末史事之助，非泛然之作也。丙午闰三月初九日重检此漫题。黄裳。

题《琅嬛文集》

稿本。竹纸，黑格，半叶八行，行十八字，题剑南陶庵张岱著。作者手录与《史阙》写手、用纸正同，审是原稿无疑。收藏有“曾藏八千卷楼”白文大方印、“翁同龢观”朱文长印。书凡五卷，自古乐府至五言律，得诗三百又五章，疑当缺七言诸种，不可见矣。

题《裘杼楼藏书目》

旧钞本，半叶十三行，始宋文集、金元文集、明初文集，通廿三叶。以下裘杼楼明人集目，自洪武至崇祯，闺媛、方外附录，每半叶著录十八种，通三十一叶。以下杂记刻本五百三十部，抄本一百五十五部。又王阮亭各种书目一叶，共六十本。卷尾墨书跋两行。右书目系吾高祖碧巢府君时物，今得复归于余，细阅数过，似当日草底本之一，叹什袭而藏之戊子冬梅记、丁楣朱文方印。收藏有莛圃考藏长朱、月在画楼西畔白文套边方印。封面旧人题桐乡汪氏裘杼楼书目。嘉庆庚午中冬偶得之于项□宅东书肆中。

题《高峣十二景诗》

正嘉之际刻本，半叶七行，十五字。板心下、黑口上“高峣诗”三字，中记叶数，四周单边棉纸一册，只四叶，刻极古稚，字作颜平原体，诗五言六句，凡“翠岩晚霭”“碧关朝霞”“菱塘去帆”“水云归棹”“净洱山带”“罗藏水桩”“八村渔火”“九寺僧钟”“南峦松雪”“东林桂月”“梨园春游”“莲池秋泛”等十二题，末附《莺啼序·题高峣海庄十二景图》。收藏有周越然朱文方印、得之徐绍樵，盖自越然家取得者。先是，越然记此书及南明纪游诗之蓝印本于藏书记中，余甚羡之，因倩绍樵问讯，证此书尚在，唯此册薄，不易得善价，不欲当也。余不惜厚值易之，其可谓计叶论钱者矣。南明一书终不可当，不知流落何许矣。按此为天一阁故物，薛福成目所著，《温泉诗》一首，《高峣十二景诗》十二首，杨慎撰者即此。《温泉诗》亦不知何往。

此册越然得之陈乃乾，亦流传有自者。滇中古刻，仅存数种，此是其一。

题《西泠六家印存》

1. 此大兴傅氏华延年室手钤原印本。蓝印只二十份，流传绝罕，余尝见一《西泠八家印存》，系丁辅之手钤，亦甚精好，已较此为迟矣。余旧藏《石寿山房印存》一卷系石刻拓本，咸丰四年湘中汪蔚所雕，所据为何梦华拓本，只存钝丁、小松两家，绝精。流传亦不多也，此册所录，虽经稼孙鉴定，然真赝颇杂，两本对读，颇足正其误收之本，梦华精鉴，出稼孙上矣。余喜蓄印谱，尤善浙派所制，每见精拓，辄不欲失。见此于古籍店中，遂破六金收之并记。丁酉清明日黄裳书。（“黄裳”连珠印）

2. 今日于朵云轩得蒋山堂书条幅，精绝，行书姿媚横生，钤三印，曰：吉罗庵（朱文长印）、蒋仁印、山堂（皆白文方印），亦精甚，殆自制者，皆非此谱所收诸印可及。山堂书迹绝少见，今年元旦于上海博物馆见其字幅，精妙之至，意甚羡之，不图半年后乃于无意中得此也，岂非墨缘？同得尚有孙星衍赠两峰篆书联，亦极妙也，因并记之。甲辰六月廿九日，灯下挥汗书，黄裳。（“木雁斋”朱印）

《西泠六家印存》六卷，清傅栻辑，清光绪九年（1883）傅氏华延年室写刻蓝印本。太史连纸线装原装三册。钤印：“黄裳藏本”“黄、裳（连珠印）”“小雁”“上海图书馆藏书”“上海图书馆返还图书章”。

题《安楚录》

1. 此天一阁旧藏。《安楚录》凡二部，合之当缺卷一之二，书根版式犹存，其一题元亨利贞，其一题文行忠信也。藏家家中只范氏有此，今亦不完，恐无第三本可补，念之惘然。癸巳冬日记。

2. 癸巳九月十五日得此天一阁旧藏本于海上。小雁。

3. 黄裳小雁珍赏，癸巳七秋海上记。

《安楚录》十卷，明秦金撰。上海图书馆藏本，明万历刻本，半叶十二行，行二十字，白口，左右双边，单黑鱼尾。卷一、卷二残缺，存卷三至卷十，卷后有王济《安楚录后序》、王廷陈《书安楚录后》、胡八桂《跋安楚录后》三文。书中钤“黄裳容氏珍藏图籍”“黄裳青囊文苑”“黄裳百嘉”“容家书库”“草草亭藏”“木雁斋”等印记。

题《爨下语》

晚明人好作清言，终日不倦，终至亡国。而此毕生所集玄言絮语，亦终至澌灭无存。此《爨下语》未闻有著录者，即此类也。书出周越然家，余得之徐绍樵许。壬辰五月十七日漫记，小燕。

《爨下语》二卷，明张复撰。国家图书馆藏，明天启二年（1622）刻本，半叶九行，行十九字，白口，四周单边，单白鱼尾。

题《东丽稿》

1. 此汪佃《东丽遗稿》十卷，古香楼汪氏旧藏。前无序目，传本特稀，诸家簿录，皆未之见。检余家旧藏《裘杼楼目》，亦无此种。余所收汪氏书多矣，颇多原目不收之册，柯庭昆季收储之富，更可见已。余买嘉靖刻不少，拟集为百种，不录习见之册，椠印复求精美。近得明人集之嘉靖刻者五种于姑苏，皆明善堂物，罕秘无传。此册足以俪之。故书日少，不知三五年内可圆成此类否？今日好春，得书于徐绍樵许。更闻估人方收书于徽郡，必有佳本，收书之兴又炽。此癖殆不可以已乎？丙申三月十九日黄裳记。

2. 此叶后有示书一行，极俊雅，殆明人笔也。小燕更书。

3. 丙申三月十九日收，黄裳记。

《东丽稿》十卷，明汪佃撰。南京图书馆藏明刻本，作《东丽遗稿》十卷，半叶十行，行二十字，白口，左右双边，单黑鱼尾。书内钤“来燕榭珍藏记”“容家书库”等印记。

题《皆春园集》

三马路中市有忠厚书庄，主人袁氏，年甚青，人亦和谐，为北估中巨擘，颇能识书，亦颇能收书，然其书价则至昂，几不能还价。余与之交易不多，然所获诸书，则皆颇精。此《皆春园集》为九峰旧庐旧藏本，亦明人别集中罕见之本，抚印极佳，入手新若未触，系余初购书袁氏所获也。后得嘉靖本《雅音汇编》、内钞本《麒麟阁》，价都昂而书则都罕见也。渠尚有开花纸印《敬业堂集》、明刻《百川学海》等，皆精，以论价未合未能购也。今日天雨早归，展书及此，聊记书耑。三十八年五月十六日　裳。

《皆春园集》四卷，明陈完撰。南京图书馆藏，明万历刻本，半叶九行，行十八字，白口，左右双边，单黑鱼尾。书中钤“草草亭藏”“黄裳藏书”“黄裳鉴藏”“黄裳珍藏图书印记”“黄裳藏本”“黄裳”“黄裳容氏珍藏图籍”“黄裳珍藏善本”等印记。

题《檀雪斋集》

1. 甬估林乔梁挟残书数十种来沪，以高直归余，中有此本，刊刻至精，而罕传，余亦不忍舍去，卒挟之归，亦记卷尾，计存卷一、卷七之卷二十二、卷二十六之卷二十九，凡廿一卷。癸巳四月初一日小雁记。

2. 千顷堂未著录，罕传可知。此集未必刻于一时。有写刻宋字之异，有明刻本，此为别格，黄更记。

《檀雪斋集》四十卷，明胡敬辰撰。上海图书馆藏明刻本，存二十一卷（卷一、卷七至卷二二、卷二六至卷二九）。国家图书馆仅存卷一，郑振铎藏书。书内钤“黄裳小雁”“草草亭藏”“来燕斋”“黄裳藏本”等印记。

题《桂洲诗集》

1. 夏言集通常著录者为嘉靖刻本之《桂洲集》四卷，后附《桂洲奏议》二十卷，《奏议外集》二卷。此《诗集》二十四卷，至罕传，仅范氏天一阁目中著录一本。刊刻精妙，每半叶八行，行十七字，四周三边，与余旧藏蔡汝楠

《枢筦集》刊刻全同，嘉靖刊本中之别格也。卷末有杭州府通判罗尚䌹监刻二行，可为杭州刊板之证。此本旧藏滂喜斋潘氏，有“潘氏所藏”一印，前更有“妙因居士”印，不知谁何？近收嘉靖刻本十余种，此与张愈光《诗文》俱为绝精之册，今日重展，更跋数言卷耑，丙申新正节十日黄裳记。

2. 装成漫阅，夏诗亦甚佳，于明人中不失作手，当与介溪相公齐观。余所收此类集却甚富。于宋人则有孙鸿庆、周紫芝，明人则有严分宜、阮圆海。凡此诸集皆毁弃于身没者。金石易觏，然往往多才不可轻弃，视庸碌之诗文，远可珍重矣。丙申六月十二日。

3.《桂洲集奏议》行世最早，《诗余》传刻最广，嘉靖一朝三十年间，凡六付剞劂，此《诗集》则只此一刻。盖再召之岁，行经武林，以稿本付故吏田汝成，墨版以行者也。当尚有《赐闲堂稿》十卷，亦同时所刻，今未见。又《桂洲词》六卷，《鸥园新曲》一卷，同时亦有刻本，未见，不知开版何地？盖其志得意满时也，乃更二年而为分宜所陷，崔元、陆炳、仇鸾皆附嵩以倾言，遂弃市。王静安《跋桂翁词》有云：

方其得路，入正郊庙，出扈禁跸。一词朝传，万口暮诵，同时名公皆摹拟其体格，门生故吏争相传刻。虽居势使然，抑其风采文采自有以发之者欤？洎夫再秉钧衡，独任边事，主疑于上，谗间于下，至于白首而对狱吏，朝衣而赴东市，进无帷盖之报，退靡盘水之恩，君臣之际，斯为酷矣！帝杀其躯，天夺期胤，怙权不如介溪而刑祸为深，文采过于钤山而著述独晦，身后之事，又可悲矣！然没不二十年，南都坊肆乃复梓其遗集。维时永陵倦勤，华亭当国，虽靡投鼠之忌，宁无吠尧之嫌，岂文章事业，自有公论，有不可泯灭者欤！

观堂此跋慨乎言之，其于桂洲生平事业文采风致评论允治，所称南都坊肆所梓，乃嘉靖丙寅仲夏金陵双泉童氏所梓之《桂翁词》也，至《诗文遗集》身后绝晦，藏书、著录之家往往有《钤山堂集》而无《桂洲遗稿》，是亦不幸也已。重展此集，偶忆静安跋文，遂更跋焉。戊戌二月廿五日午后书。黄裳。

《桂洲诗集》二十四卷，明夏言撰。上海图书馆藏，明嘉靖二十五年（1546）曹忭、杨九泽刻本，半叶八行，行十七字，白口，四周三边，单黑线鱼尾。书中钤有“黄裳”“来燕榭珍藏记”“来燕榭珍藏图籍”“黄裳百嘉”“容家书库”等印记。

题《桂轩续稿》

1. 癸巳四月初六日傍晚，□□□□□□□□，得此弘治刊刻本《桂轩续稿》六卷，殆孤帙也。黄裳记。

2. 天一阁故物，文选楼目著录，重装前记。黄裳小雁。

3. 此《桂轩续稿》六卷，得于甬估许。书根旧迹犹存，乃天一阁故物也。文选楼本范目中著录之。天壤孤行人间，殆无第二本矣。付工重装毕因记。癸巳十月廿六日　小燕。

《桂轩续稿》六卷，明江源撰。上海图书馆藏，明弘治刻本，半叶十行，行十九字，粗黑口，四周双边，双顺黑鱼尾。书内钤有“黄裳百嘉”“黄裳小雁”“草草亭藏”“木雁斋”“黄裳藏本”等印记。

题《茳庵二集》

1. 今午，徐贾绍樵携旧书数种来示，云出自嘉定故家者钞刻，俱古之物，以此书为最佳矣。此清初人集之至罕传者，前有序六通，皆清初俊流也，最为罕秘，未见著录。其他尚有《皇明通纪法传录》附《嘉隆纪》、《西庄始存稿》、李杓曾汇之《可斋杂稿》凡三集，皆至佳。其处尚有书十大包，当陆续得之。近久不见旧本，得此快甚，因记卷尾。乙未立夏后一日黄裳记于来燕榭中。

2. 董含《三冈识略》有及吴懋谦一篇，甚有趣致，偶阅及录之如此：

吴懋谦，字六益，别号华苹山人，喜吟咏，遨游缙绅间，诗名甚著。年届古稀，才丧妾，复买一姬，膏面染髭，以博如皋一笑。予戏贻一诗云："骚人春晚爱幽居，老去风情尚未除。旧赋白头怜薄幸，新题红叶怕生疏。炉薰翠被迎欢夜，髻拥寒镫见面初。莫倚巫山行雨惯，襄王今是病相如。"山人久病，故结语稍规之云。

案董氏亦入奏销案之人，与董苍水同被斥逐。此二集之刊在顺治十三年正□。是之年也，梅村一序撰于京邸，即于是年继母朱淑人病殁，梅村以忧归，旋以奏销案革职，几至破家，至六益老而娶妻事，当更后矣。丁酉九月十六日晴窗展卷漫书　黄裳。

《苎庵二集》十二卷，清吴懋谦撰。南京图书馆藏，清顺治十三年（1656）梅花书屋刻本，题"云间吴懋谦六益氏著"，半叶八行，行二十字，白口，四周单边，无鱼尾。书内钤"来燕榭珍藏记""黄裳""黄裳藏本""黄裳小雁"等印记。

——以上八则录自孟永林《黄裳著述中未收古籍题跋考释》（《中国典籍与文化》2013 年第 1 期）

题《珍砚斋词钞》

1. 丙申元月廿日海上大雪初霁，收此于甬上李氏。（"黄裳小雁"朱文印）

2. 癸亥冬至前一日重归记。（“黄裳”朱文印）

《珍砚斋词钞》，钱学懋的自刊诗集，清同治三年（1864）古瀹钱氏家刻本，流传稀少。此书“文革”中被查抄，入上海图书馆，后发还。

题《新北京》

这是我一九四九年后出版的第一本书，曾重印两三次，惟传本甚罕。编《文集》中时未及收入。此为初版本，展转为陆灏兄所得，宛如新书，书品绝佳，诚佳遇也。

此书所辑皆曾刊于《文汇报》，通讯文字也。然所言皆出胸臆，非代人立言者。于北京通讯中可见，皆真实感受也。

重读不禁兴慨，聊复志之，时辛卯初夏三月三十日黄裳书于来燕榭中（“黄裳”朱文印）。

《新北京》，黄裳著，上海出版公司 1950 年 12 月初版（陆灏藏书）

题《莫洛博士岛》

此为余译书之始。原本由巴金先生见示，嘱为完成之。展眼五十六年矣。重睹摩挲，不禁兴慨，为李辉兄题。

黄裳　二〇〇四．五．廿九

《莫洛博士岛》，李林、黄裳合译，文化生活出版社1949年4月再版（李辉藏书）

题《花步集》

此书与港版《山川·历史·人物》内容全同，即前书之国内版也。原请从文先生为题签，却未用，甚憾。花步之名源于花步里，即苏州留园主人刘蓉峰所居处。

黄裳记　乙酉初夏

《花步集》，黄裳著，花城出版社1982年5月初版（李辉藏书）

题《猎人日记》

从小就喜欢这本书，后来还研究过耿济之的译本，觉得不满足。一月前与巴金先生谈，要重译此书，他十分鼓励我，于是就借回了英文的GARNETT的译本，事忙一直未动笔。今天天雨乃买此俄文原本归，虽俄文一字不识，然插绘却可看，而书也的确是美。这样美丽的一本书是的确该有这样好的一个版本的，而且更需要一个美的中译本。

一九五〇．三．廿五日　黄裳

《猎人笔记》，屠格涅夫著，1949 年莫斯科国家艺术文学出版局俄文版，钤“黄裳珍藏善本”阳文长方印

题《旧戏新谈》

此网上所得伪造拙作签名本，印章两枚皆由所藏书中印记翻出，真印不如是之大也，签名更是拙劣，一望可知。书为凌济兄。

黄裳　壬辰新正

《旧戏新谈》，黄裳著，开明出版社 1994 年版（凌济藏书）

题《克罗士先生——一个反对“音乐行家”的人》

此书为现代一大文字狱之导火线，较《海瑞罢官》尤早数年，因此亦为重要之文献。

《克罗士先生——一个反对“音乐行家”的人》，C. 德彪西著，张裕禾译，音乐出版社 1963 年版

题《史论集》

黄裳，一九六一．一．三．雨天，归奉贤路过闵行买此，快甚，此在沪上久求不得之书也。

《史论集》，吕振羽著，生活·读书·新知三联书店1960年9月初版

题《芳草地》

此集之成，自发踪起意，搜集旧笺，排比校刊，终底于成，皆赖李辉兄辛苦经营，抛心力何限，于此谢之。

刊《芳草地》2004年第一期（总第五期），罗锋杰提供

题《花随人圣庵摭忆》

此书余旧有原印本，用道林纸，凡两册，俱被抄没。书甚稀见，二十年前每册已价至三十金矣。此则新印本也，用石印，逊旧本远甚，云曾增补，亦不知如何补、何处补也，惟后附一目则颇便读者。黄某为抗战初起授首汉奸之第一人，不齿于仕林。然陈寅恪甚惜其才，于著作中颇引其书，且有诗深致悼惜。此册重印前言，于此不整一词，巧贾也。

新增部分为补编，附后半，此法亦佳。少阅数则，识见卓特，文采烂然，似亦富于国民意识者，不知何以后终卖国也。固知士夫平日大言炎炎未可尽信。补编材料闻系香港高伯雨所寄也。此书共五十五万字。黄裳。

一九八三．十二．十九

《花随人圣庵摭忆》，黄濬著，上海古籍书店 1983 年版

题《还乡日记》

此本余旧藏，后为文汇报抄去，册尾有时间印记可证。不知何以流落市上，入子善兄手中，因为题记。

黄裳　甲申秋暑

《还乡日记》，何其芳著，列“现代散文新集”之一，上海良友复兴图书印刷公司 1940 年 1 月再版（陈子善藏书）

注：是书原有题签：黄裳　一九四六年　上海

题《藤森成吉集》

此为翻板书，而纸板实为现代丛书旧型。一九五七年五月十一日下午，偕小燕游淮海路上，在海南书店得此种书十一册并记。黄裳

《藤森成吉集》，藤森成吉著，森堡（任钧）译，1937年版

题《韦庄集》

此双流向氏写定端已集。迪琮，蜀之词人，其于端已有笃好意可知也。所据本之一为明旧抄本，其本余家旧藏，壬辰北上得之津沽旧肆，系云山翁氏遗书，蓝格精写，后斥之去，意颇惜之。《浣花集》只见朱承爵刻，在嘉靖中，明抄本或尚早于朱本也。旧藏善本多散为云烟，箧中只余此坊本，便诵谈耳，为之兴慨。去年漫游蜀中，曾观王建墓室，有建小像，多歌伎、杂伎像，读《古今词话》知庄有宠人为建所夺，《小重山》《谒金门》诸词即为其人作，又不禁回思无已矣。戊戌二月初二日恰逢春分雨夕记。黄裳。

《韦庄集》，向迪琮校订，人民文学出版社1958年版

题《药味集》

一九八二．九．十九．下午访巴金先生，他从楼上取出此书相赠，因知我找了许久未能得到，但他也没有注意，这本原是我的旧藏，其中且有我在一九四六年在南京老虎桥访问时，周作人的签字，那天要他写的为友人题画梅诗稿也夹

在书中，这本书是一九六二年巴金托人在旧书店中找来的，真真不知为何这样巧，当为一文记之。夜灯下记。黄裳

附注：是书原有题记如下：

1. 扉页周作人亲笔

民国丙戌秋分节后一日在南京，周作人

2. 扉页黄裳（容鼎昌）题记

鼎昌　三十一年冬　离沪之前

3. 是书原夹知堂钢笔题词一页

墨梅画出凭人看，笔下神情费估量。恰似乌台诗狱里，东坡风貌不寻常。

为友人题画梅　知堂

《药味集》，周作人著，新民印书馆 1942 年 3 月版

题《一汪情深：回忆汪曾祺先生》

曾祺写《昆明的雨》，情韵都绝；有诗一绝，能得南疆风韵，不易忘也。

己丑初夏为苏北书。黄裳

《一汪情深：回忆汪曾祺先生》，苏北著，上海远东出版社 2009 年版（苏北藏书）

题序《金陵杂记》

民国三十五年秋，余奉馆命至京，旅居三月，居处在户部街，小虹桥近在咫尺，即南唐宫门遗址也。暇日出游，多经古迹。感念畴昔，遂有《杂记》之作。故籍之道金陵掌故者至多，未能遍得。偶过钵山精舍，亦少少翻阅图书。每出亦常以照相机自随，摄得二百余张。其初计划，固甚宏也。

最初以中国纸摘录资料成一厚册，附以照像，归沪后编（《文汇报》）文教版。《浮世绘》创刊，柯灵兄嘱写连载，即陆续写之。余初意不只描写风物，历史、人物、俗信诸端具隶。册中文采之美，又余事也。《洛阳伽蓝》《东京梦华》《陶庵梦忆》《帝京景物略》，前贤所作，具见典型。然采撷众长，丽以新解，斯志怀之既久，徒以时间不裕，遂尔匆匆辍笔。以拟原目，未及十一。即久在胸中之《秦淮》一记，亦未着笔。偶及马湘兰、阮怀宁，论者纷纷指摘，或本谙原义，或徒事讥讪。因念时世如斯，任务当更有重于此者。此书当留待他年时世承平之际续作也。会端五日，沈凝华先生以纸来索题，即为少记数语以谢。

时三十七年六月十一日　黄裳

《金陵杂记》剪贴本（沈鹏年藏书）

题《旧戏新谈》

沈凝华先生以拙著之发表于报端剪贴成册，请风子（即唐弢）先生持示，瞩为题签，甚令愧恧，草草成文，不足观览，今竟见重若此，使人惭沮。

翻阅一过，见中杂有亦五之《拷吉平》及一之《平剧杂话》三篇，皆非余作。前者系投稿，后者则徐铸成先生所作也。《新谈》已排讫待印，增删颇多。原稿余亦不存，则此册自亦可珍。如持与单行本对勘，则缺文所在：或因时忌，或系闲情，不难覆案也。

三十七年五月二十七日午后偷闲，为识数语于卷尾。黄裳谨记（印）

《旧戏新谈》剪贴本（沈鹏年藏书）

来燕榭诗存

序

黄裳（1919—2012），原名容鼎昌，斋号来燕榭，山东益都（今青州）人。他是投笔从戎、亲涉沙场的坦克教练，是流连梨园、谈戏论剧的资深戏骨，是遍访名山大川、创作“历史散文”的文化先驱；他点校过古籍，翻译过小说，批判过历史，讴歌过时代。他和许多文化名人建立了深厚友谊，留存他们的遗墨，刻画他们的“剪影”，为中国现代文学史的研究提供了不可多得的史料。

但黄裳最重要的身份是藏书家。他爱书如命，访书不辍，每遇善本，不惜重金求之；他目光如炬，独辟蹊径，率先有意识地发掘、探讨清刻之美；他的藏书跋语多以清丽明快的文言书写，有事实，有掌故，有观点，有抒情气息，被誉为“当代黄跋”。唐弢在《旧戏新谈》跋语中称黄裳“是一个文体家”，此评语置之“黄跋”，同样贴切。

然而很少有人注意到黄裳也写诗——旧体诗。当然黄裳本人从未以诗家自居。他在《露间诗》一文中就明确说过“自己既非雅人更非诗人”；在给姜德明的信里也谈到过对“少作”的态度：“我尚为之作了不少诗，数年前曾以《露间诗草》题发表于‘大公园’，每诗后各有小记，不知兄曾见之否？此不拟入集之文也。”

两年前偶然读到一篇文章，语涉黄裳诗作，让人颇感意外。更意外的是，作者误把一组余怀的诗归入黄裳名下，显是疏于查考所致。乃突发奇想，搬出庋藏“黄书”，开启了一场别出心裁的“觅诗”之旅。

黄裳未尝有诗集刊行，故他的诗均星散在各个时期的散文和书跋中。从最初的《锦帆集》，到近年的《来燕榭文存二编》，凡确定是黄裳本人的诗作，便从文中抽出，移录于别纸，费时一周有余，首尾得诗四十一首。在抄诗时又发现，诗和文往往互为注脚，无法截然分割。思虑再三，决定不厌其烦，将相关背景原文缀于各诗之后，作为“纪事”或“案语”。抄录途中，偶遇异文，则顺为辨析之。

将诗按年份编排，从头到尾翻一遍，可以清晰地看到，20 世纪 40 年代是黄裳写诗的“高产期”。1942 年冬，二十出头的黄裳离开上海，踏上一段漂泊不定的旅程。临行前，他为友人写下“为爱湖山成小别，岂堪风雨饯春迟”这样伤感的句子；到南京那天，寒风凛冽，下榻在破旧的旅店里，想到“昨夜的别宴”“浅浅的红唇”，怅然若失，感叹“何堪更着朱衣舞，月白风寒欲堕时”；1943 年 2 月，在成都的旅馆，微醺后夜不能寐，恍惚间感到“知是殷勤知是惜，此情如水不分明”；1944 年 3 月，在重庆北碚，月夜披衣出门，坐在嘉陵江边的礁石上，不禁低吟“嘉陵江水真醇碧，许绾纤纤锦带围”。

1944 年 6 月，黄裳提前从重庆交大毕业，化身军人。先是在昆明的炮校任课堂翻译，接着调回桂林，参加射击训练。不久又被调往全县。后因战事告急，再次撤回桂林。桂林失守后，回到昆明。没过多久，又飞往印度兰伽，成为一名坦克教练……即便在如此险恶紧迫的行军路上，黄裳依然诗思敏捷。在川滇东路的卡车上，在全县乡下的古宅里，在印度兰伽的雨林中，都曾留下过他的吟哦。

故土之思，流离之苦，再加上一点朦胧的儿女之情，催生出一个多愁善感的青年诗人。徐铉在《萧庶子诗序》中说：“人之所以灵者，情也。情之所以通者，言也。其或情之深，思之远。郁积乎中，不可以言尽者，则发为诗。”黄裳自己也说，当时写诗是“为了驱遣客中寂寞”，实因“军中寂寥，得此乃不闷损”。

1945 年 8 月，抗战胜利，黄裳身在贵阳，“归心甚炽而归不得也”。在一座小茶楼里，一边品茗，一边听曲：“羁旅未容归故国，寄身得复到乌蛮。”但羁旅的惆怅很快就被胜利的喜悦盖过。1945 年 9 月，他回到昆明，面对莲花池，想到了三百年前自沉于此的陈沅："莲花池畔水青青，芳草依稀绿未醒。三百年前家国事，一齐都付与沧溟。"这是一首怀古诗，是借眼前的景物，触发思古之幽情。自这首诗起，黄裳的目光逐渐从渺小的自身抽离，移向更广袤的历史影像。此后，在重庆，在南京，在杭州，黄裳怀古之作迭出，诗风也渐从伤感转为沉郁。1947 年 12 月以后，黄裳的诗人情怀慢慢消隐，逐渐向散文家和藏书家蜕变。

虽然黄裳 50 年代以后几乎不写诗，但他对诗的关注和热衷却是贯穿一生的。他曾着力搜求藏书家的诗集："余于藏书家集每见必收，几于依叶氏纪事诗按目而索，所得甚富。"（见《前尘梦影新录》卷三《于东集》）在他大量的书跋和散文中，评价诗人、品读诗篇、将诗当作素材推演史实的例子更是随处可见。黄裳也许不太能划归"诗人"之列，但称他是"爱诗之人"和"懂诗之人"，则恰如其分。

诗稿抄成后，置于箧中，未加措意。去岁杪，和几位相得的书友在平江路聚饮，聊到旧时文人雅集，在觥筹交错、胡聊神侃之余，多有酬唱、刊书之举。这才想起这叠搁置许久的稿子，遂向众友提起，想不到一句无心之言，竟获得了一致的肯定和支持："编此别具一格之'黄集'，乃广大'黄迷'之福音也！"

因发起倡议的地点在平江路，印书也只为交流，不为谋利，抱定平常心，故将丛书名定为"平社丛刊"，名此书稿为《来燕榭诗存》。

是为序。

丁酉立秋前五日，吴下曹彬

凡　例

一、黄裳诗散见于文集中，生前未结集。今将诗单独抽出，以时序编次，都四十一首，厘为一卷。

二、各诗多无题，今代拟之，以便检索。

三、诗后原有说明文字，作者或称“题解”（《露间诗》），或称“小注”（《我的集外文》），或称“小记”（一九九〇年十月五日致姜德明信），或称“附记”（《〈西行诗纪〉续记》小序），今统称“题解”，附于各诗之后。

四、诸诗多具本事，可为参证。今将相关原文排比胪列，称“纪事”，并注明出处，以资稽考。

五、诗有数见于多处者，文字略有出入。现一一出校，参以己意，勉为定夺；作者系年或有因日久而误记者，则代为考辨；作者晚年常将诗作抄寄友朋，缀以小跋，凡所见存，一并移录。上述各条，汇为“笺注”，系于篇尾。

一九四二年

心　事

绝代风华绝世姿，樽前宛语一通辞。

更何闲绪成哀乐，每悔余欢笑语痴。
为爱湖山成小别，岂堪风雨饯春迟。
华灯人语俱寂寂，心事如潮不自持。

【题解】在离沪之前一月，那些最无聊的日子里，几乎每天流连在 L 地方。自己也知道无聊，不过后来竟至有非去不可的必要了。一种心理的影响暗暗滋长起来。一天，“南京”复映《大地》，和 S 赶五点半的一场去看。散戏后，徘徊在爱多亚路上，和 S 开玩笑，说他近来有点“心事如潮不自持”。S 不承认，说：“你高兴就把全诗补成了。”回来以后晚上就补成了这样子的一首全诗，头一句不免失于感情作用。一位老师就亲自和我说过：“Y 并不美。”美不美，谁知道？反正诗是这样写了。末两句自己颇自喜，L 地方的电灯真够亮，还有音乐什么的，那许多人。然而我总觉得寂寞，无端的寂寞，也只有在这种寂寞感里才会体会到心潮的起伏。……（《西行诗纪》）

【纪事】①昨夜和 L 在这万山丛绕中的一片石塘边小坐。看着他的惘惘的眸子，于极静中感到了心潮的起伏。真是“心事如潮不自持”呀，这我曾经拿来嘲笑过 S 的一句话，后来为着好玩，就又凑成了一首全诗。里边有一联是：“为爱湖山成小别，岂堪风雨饯春迟。”（《音尘》）

②这时 Y 从天津来沪演戏，请他补习英文，于是我们之间称呼人的时候就有了两位李先生，不过说起来时口气是不

同的。他也常去看戏，对于台上的笑谑也总微笑着欣赏着。不知如何，他似乎看到了一点什么，跟我说：Y 并不算十分美。当时也就笑笑过去了。后来 Y 在上海大红，被称为“舞台上最美丽的女演员”。（《李林先生纪念》）

【笺注】①“Y”指黄宗英，因其当时的通信署名为“月娇”，详见黄裳《马湘兰》。②黄裳《江上杂记（一）》：“一年前今天夜里，十点钟，从一家戏院门口，坐了一辆银色的车子离开了那个地方。”此文作于“三十三年一月九日”，由此推断，黄裳离沪日期当为一九四三年一月十日。“题解”称此诗作于“离沪前一月”，约为一九四二年十二月初。

赠 T

俱是风尘一代人，得同绮梦本前因。

宵寒古店斋心坐，相视何能等曲尘。

【题解】这是写给 T 的。当时还不曾离沪，不过悬想路上必定有此一境。不想在徐州的第一晚就真和当时的想象所差无几。晚上十一点车到徐州，下了车，出站，由一位朋友介绍的人领路走了不少家旅馆，几乎全是客满，最后是睡在一家旅馆的过堂里，两个人在一个铺上，用自己的毯子包了身子，上面再盖了铁片似的旅馆的被子。冷风从领口吹了进来，一整夜都没有好好地睡。（《西行诗纪》）

【纪事】几乎每一处都遭到了拒绝，那一家家小店的店主人带着恐慌的眼色，回绝了我们。最后我们被收留在一家旅店的客堂里。这是一个过道，没有门，北风迅速地吹过，店主人用几块板拼起一张铺来。拿了几床僵硬的，有着奇异的颜色的被来，我们把它们垫在底下。（《过徐州》）

【笺注】黄裳《〈西行诗纪〉小序》："自己知道并非诗人，可是不知怎样竟写了好几首旧诗，在这次旅行里。其中有两首是在上海时所写，不过离开动身也没有几天，而且情绪上也似乎是一个整个的东西。"

一九四三年

过金陵

唱断天涯梦里词，灯前红叶系人思。
何堪更着朱衣舞，月白风寒欲堕时。

【题解】①一九四二年冬过金陵作。（《露间诗》）

②到南京的那天，住在朱雀路的一家旅馆里，放下了行李，就出来在满天风沙的街上走。拿了张地图，走到贡院，秦淮，在那快倒下的木板桥上对了落日寒波，立了许久。在旧书店里买了几册《同声》回来看。灯下，想起昨天此时，他们给我和 T 饯行席上的 Y 是上好了妆的。淡淡的胭脂和浅红唇，比平常格外抑郁，不多说话。觉得无限哀愁。

南京的天气格外冷，虎虎的北风在窗外吹着，烧木炭的火盆半灭了。（《西行诗纪》）

【纪事】晚上在那间充满了冷气的大屋子里，坐下写一封信，告诉上海的朋友在我们的长途跋涉的第一段旅程中所得的印象。想起了昨夜的别宴，她们都上了妆，还赶了来，那是一个凄凉的聚会，浅浅的红唇，失去了风姿的笑靥，那一种沉重的感情，真使人觉得难于负载了。(《白门秋柳》)

【笺注】①“题解①”称此诗作于“一九四二年冬”，误。以离沪日期为一九四三年一月十日推算，此诗当作于同一天。②此诗在《拾落红集》中作“铢衣”，在《来燕榭集外文钞》中作“珠衣”，当以“铢衣”为是。“铢衣”指传说中神仙所穿轻薄舞衫，唐贾至《赠薛瑶英》：“舞怯铢衣重，笑疑桃脸开。”辽赵长敬《玉石观音唱和诗》：“烧残灰劫无凋朽，拂尽铢衣任往来。”清钱谦益《大梁周氏金陵寿燕序》：“兜率之铢衣，一百岁而一拂。”

忆江南

拈来绮语供婵娟，人去花飞不记年。
剩有余情堪记取，江南遗梦似风烟。

【题解】《张忆娘簪花图卷》(“灵鹣阁”丛书）里的题画诗中有一首同韵的，因为喜欢这诗的调子，所以用了原韵。(《西行诗纪》)

【笺注】“灵鹣阁丛书”本《张忆娘簪花图卷题咏》同韵诗共两首，其一为：“花事阑珊四月天，剩留春色最堪怜。一枝弱柳迎风态，忆着红裙踏舞筵。”(红豆士奇）其二为：

“谁与簪花上舞筵，金尊檀板旧因缘。展图似历华严劫，小别春风四十年。”（玉山樵叟）

惊　梦

无端姿媚泥人生，琥珀调羹手自擎。

知是殷勤知是惜，此情如水不分明。

【题解】①一九四三年二月十五日，成都作。时借寓春熙路上，天井中有芭蕉甚大。夜半闻游女歌声，不能成寐。（《露间诗》）

②到了成都以后，住在春熙路上的春熙饭店里，这是一家具有北平旅馆风度的地方。不过不同的是种了大芭蕉而已。晚上早眠，忽为一种卖唱的歌声所惊醒，有胡琴配和着，猜想或许是父女吧？歌是一种回环着的俗歌，殆若凤阳歌也。反复地唱了许久。再也不能成眠，又想起了在家时候的事，一幕幕在心里回环着。这一首是记一个光景的闪烁，当夜所想起的。

第二天在街上闲走，在提督东街的一家照相馆的橱窗外闲看。一眼看去，有一张着色的女像特别像 Y。后来也曾指给 T 看过。（《西行诗纪》）

【纪事】①夜里十一点多钟，忽然为一种歌声惊醒。这是一个女人的歌声，另由一男人用胡琴和着。歌声非常激越凄凉。从直觉里觉得该是《凤阳歌》之类，是流浪人的歌声。胡琴的调子单调地回复着，女的自己还拍了板，更增加了音节上的凄切，我努力想听出她的词句来，可是终于听不出。(《成都散记》)

②在春熙路上找到了旅舍。这是只在北平才看得到的建筑，前后有两个天井，四周环绕着楼厅，住处在里面一进楼上，推门迎面就是一株芭蕉，凭栏正好可以摸到它的枝冠。放下行李就上街去吃饭，怀里只剩下戋戋的旅费，只好走进一家小酒馆，要了二两大曲，两个包子，居然酒足饭饱了。这是第一次欣赏大曲的风味，真是醇香可口，这时就又记起了李商隐的诗句，"美酒成都堪送老"，微醺中回到旅舍，梦中又为隔壁传来弦索伴奏的女性的歌声惊醒。这一夜就没有睡好。(《梦里的成都》)

【笺注】此诗与黄宗英有关。"琥珀调羹"指梨膏，黄裳《断片》一文云："Y在厨房里端来了一碗调得好好的梨膏。""题解②"云："这一首是记一个光景的闪烁，当夜所想起的。"所谓"光景的闪烁"，正与前述"断片"相合。

九龙坡

如云意气久消沉，剩有激情似海深。
此日何堪重忆念，畸零家世故园心。

【题解】一九四三年四月四日，九龙坡江上作。(《露间诗》)

扬子秋潮

扬子秋潮作雨翻，更无人处掩重门。
蜀江风雨来天末，好引归桡向故园。

【题解】①一九四三年六月二十三日，九龙坡。(《露间诗》)

②到了九龙坡，常居在万山丛中扬子江边。久雨不晴作此首。(《西行诗纪》)

苦　雨

历劫江南尚有春，拂衣犹染上京尘。
梦回紫闼凭鸾镜，舞罢兰闺藉锦茵。
常向画眉寻密意，每从笑靥觉情亲。
兰台此日应无路，凤纸它年寄性真。

【题解】①一九四三年六月二十八日，重庆九龙坡江上作。苦雨，遥望江边，烟雨迷蒙，惟见黄桷树婆娑于雾障中耳。(《露间诗》)

②在凤凰楼（一家茶馆）里作。外边正下着雨，白雾横江，烟雨凄迷，心境也同此迷惘。(《西行诗纪》)

【笺注】此诗在《拾落红集》中，“兰台”作“琴台”，“它年”作“他年”，当以“琴台”为是。“琴台”用司马相如琴挑卓文君事。本年夏，黄宗英与郭元同在北京结婚，黄裳自觉无望，此诗尾联正可作此事注脚。

和龚定庵二首

其　一

莱菔生儿芥有孙（借苏句），美人秋晚怨黄昏。
姿容此日成隔世，难却眉间远黛痕。

其　二

生小娇姿别样亲，花间着此似珠人。
沅湘淼淼凌波逝，留绾人天梦洛神。

【题解】一九四三年十一月一日，九龙坡，客中惟有定公杂诗一册，借句借韵，多从此出。(《露间诗》)

【笺注】①《露间诗》收《春回札记》中，将此二首诗排为一首，误。《我的集外文》署一九四三年十二月作，分为二首，乃是。②“题记”中所称“定公杂诗”，指龚自珍《己亥杂诗》。此二首对应的原诗分别为《己亥杂诗》第二二四、第一八五。

一九四四年

春　夜

小诗录得春寒夜，换取余馨枕上温。
消息未知容问讯，剩将残泪浥烟云。

【题解】一九四四年一月二十日，重庆。（《露间诗》）

【笺注】此诗有黄裳朱笔手迹影印件，收录于20世纪50年代《文汇日记》笔记本中，文字全同。

尊　前

敢将絮果问兰因，未必尊前自性真。
一别宛君心事渺，人天无处可重闻。

【题解】一九四四年二月十六日，重庆。（《露间诗》）

嘉陵江晚眺

峦影空濛星影稀，月华临浣失裳衣。
黛颦每忆芳春晚，秋水应随艇子归。
书里斟寻仍脉脉，梦中重见更依依。
嘉陵江水真醇碧，许绾纤纤锦带围。

【题解】①一九四四年三月九日，重庆北碚作。是夜月色如洗，不能寐。披衣出门，去江中大石上坐。嘉陵江水如醇酎，雾里遥山尽失。独坐至夜半始归。（《露间诗》）

②三十三年三月九日，在重庆北碚作。那时我已经离开学校，从扬子江头的九龙坡搬到嘉陵江上的北碚去。在黄桷树复旦大学里边受训。穿了灰棉军服，每天在夏坝江边走来走去，变成了坝上的一种“特殊人物”。那时生活极为轻松，

每天虽然都有操课，但是却很少去上，终日在江边摇船吃茶。坝上更有不少美丽的小姐们，每日饭后，江边散步之风极盛，不过我们人地生疏，又兼穿了灰色的“两尺半”，所以毫无办法，只能对那些旖旎的风光当作自然风物看看而已。那天晚上在“江天”吃茶吃到九点多，回来睡觉，爬上双人床去，却无论如何也睡不着。外边月色正好，想想江边的风景一定不坏，就又穿了衣裳跑出去，跑下几十级的石级，更跳到江里的一块大石上去。那时江水正枯，然而仍不时有水浪打在石头上，溅湿了我的衣服。我在那里坐了很久，江面一片迷雾，东边的明月峡和西边的小三峡都像罩在一层薄纱里，看不清楚，对江的北碚市上灯火星星，极幽静，暗黑的江面上，更不时飞过一叶摆渡的小船来，听得见咿呀的橹声和轻轻江水的啸声。

我一直坐到十点多，在等到夜风吹在身上觉得有些冷了的时候才回去，暗黑中在一张纸上写下了这些句子，第二天用毛笔写了一份寄回去。

嘉陵江的水色绿极了，尤其是站在北温泉的山上望下来，夹在两面峡谷之中的一道江水，颜色醇极了，我想这很像陈酒的醇。虽然在那天晚上看不出绿色，只是一片夹杂了细碎的闪光的青锦。(《〈西行诗纪〉续记》)

【纪事】坐在这石块上，抱了膝，暗绿的嘉陵江就在面前流过去，发出一阵阵的涛声来，远处的山峦，却被围在一片雾影里了，月亮似乎很高而小，对江的灯火暗暗的，不时

有一两只摆渡船黑黑的影子摇过来，木桨打水的声音震破了周围的寂静。我又随意念了几句：……（《江上杂记（二）》）

【笺注】此诗在《中国影人诗选》中“空濛”作“空蒙”，“芳春”作“芥春”，误。

昆明感怀

零落湘枝翦玉英，杏花风雨送清明。
短檠共尽他年话，絮盏重温别后酲。
每忆芳时春燕影，惜君今日旧声名。
归来何必江南路，寂寞深宵雨打声。

【题解】①一九四四年六月五日，昆明作。时居乾海子，屋顶覆铅皮，微雨辄有声。昆明春日多飘风细雨，俄顷即止。（《露间诗》）

②六月五日昆明作，那时在乾海子炮校。住在一间统舱一样的营房内。也是双人床，还保存了在学校里面的风味。电灯极亮，晚上无事，同事多玩桥牌，或唱京戏，我很想看书，却无书可看，进城在联大图书馆里借来了一大套《越缦堂日记补》，灯下翻阅，李慈铭先生的笔迹颇不容易看清楚，然而倒比读标点好了的铅印书有趣得多。日记中常有一片片涂黑的地方，大概是骂人的。不禁引起推寻根底的兴趣，颇有点看侦探小说的意思。他老先生常常用排偶句子发一些

“鸳鸯蝴蝶”似的牢骚，动不动也写两首七律，那些记冶游的地方，更多妙文。《孽海花》里写他和×云的故事，大概不是虚造的。

昆明已经进入雨季，晚上就淅淅沥沥地落起雨来，灯下翻读这样的书，仿佛在看《金台残泪记》似的，颇使人有点惘然。再过了一个星期，我就飞到桂林去了。那部《日记补》还是不曾看完，劳朋友给送回去，好大的一包书，自己觉得颇不好意思。

在全县乡下的一所古宅（那是我们的司令部）里，一天，下着雨，坐在前厅里，赤了膊磨了墨写信，用从城里买来的笺纸，上面有张大千画的“殷勤问无恙，千里一纸书”的画稿，抄了这首诗寄到上海去。我想那封信大概没有寄到吧！C上校在旁边看着，看我表演这中国式的把戏，很感到兴趣了。问我要了一套信纸信封去了，信封上的画是“折一枝儿寄与谁?”（《〈西行诗纪〉续记》）

醉　后

偶逢幽处便思家，欲此蹇驴策杖斜。
幽谷乐居人似玉，小岩霜染叶如花。
短檠茗盏输尘挽，寒宵清梦绕天涯。
匆匆留此青山梦，来与君游翡翠车。

【题解】十月廿一日，从昆明起身，到重庆来，取道

“川滇东路”。这条路是不大好走的，在宣威停了一个星期，因为车子没有油。又听说路上不大安静，在旅馆里，看见被抢的人披了一条棉被在发抖的样子，实在使人不大好过，因为那些“剪径”的英雄们不但是行李钱物，就是连身上的衣服也不放过，只给留下一条短裤，而那时天气又正冷，真觉得十分尴尬，然而却也不能折回昆明，因为回头路上也是同样的不安静。

十月廿九日，离开宣威，虽然心里不免惴惴，然而也只好继续走，然而风景却愈来愈好。云南的红土盆地，在山顶上望下来，像一个天然的盆景，里面栽了可爱的青翠的菖蒲似的松杉。沿路都是松树，一片苍翠，人家极少，你可以看见一两个背了土枪的便衣的人物，听司机说这就是“老爷”了。他客气时就是自卫队，不客气时就会剥得你连衬衣都不剩一件。

车子因为司机们省油的关系，把滤油器用棉布塞住了，不时抛锚，中午忽然在一个山凹处停住了，无论如何也不能发动，看看路牌，却正是“老鸦营”。真是叫苦不迭，然而也只好嘿然默坐，安心欣赏风景。

下午过一个低地，地名叫“乐居舍”。有一条清浅的小河，两旁是杂树，黄叶满溪。有时在黄叶丛中，会有一簇红叶，色彩鲜明像一幅油画。这里有一丛小村落，人家三五，疏落地散布在树林里面，有两个女孩子走过，像是在学校里回来的样子。

当天晚上宿“黑石头”，一个小镇。我们住在一家新用木头造好的楼房上面，在昏昏的灯火里吃了丰盛的晚餐，物价便宜得出奇，有鱼有肉，还吃了点酒，酒后吃极大的梨，一百元可以买到五六个。

在朋友的背囊中抽出了一支“长剑”，是一把日本军刀，带了酒意，挥舞着那一柄笨重的凶器，看着刃锋上已经有两三个缺口了。

晕晕然在日记本上写下了今天坐在卡车上面颠簸中所凑成的一首诗。似乎成为一种习惯了，每次走过可爱的山水间就会想到将来也许有那么一天，和T到这儿来徜徉，游散，找寻旧日的梦，在褒城，在庙台子，在昆明、安宁、缅甸……（《〈西行诗纪〉续记》）

【纪事】我们离开昆明的巫家坝飞机场，是在一九四四年十月里。（《印度小夜曲·雨季》）

一九四五年

得海上家书后作

绿杨门巷忆青青，梦里江南只绪零。
念远羁情成怅触，怀人兰芷动芳馨。
弦中意绪凭谁释，画里真娘正妙龄。
绮思渐阑翻转挚，宿酲如此未能醒。

【题解】①三十四年二月十九日，印度兰伽作。时抵印已经五个月，住在军区里十分寂寞，过旧历年不过六天，天气却已经初夏了。晚上无事，除了去看电影以外，就常去外事局的会客室里听无线电。一包香烟，一壶浓浓的红茶，一坐就是大半天，我们常收听北平的广播，虽然有杂音，可是还可以听全部的京戏，听听谭富英、言慧珠的《四郎探母》，猜猜配角是谁，很可以祛除一些寂寞。海外听乡音，真是值得喜欢的事。有时却也有话剧的播音，不知如何，我觉得像一批“京油子”在耍贫嘴，没有什么愉快的印象。在上海重庆看话剧，时常不满于演员的“蓝青官话”，而纯粹“北京人”的对白，却也使我不耐，真觉得自己会有成为“南腔北调人”的危险了。那时很希望听到上海的广播，可是无论如何也收不到。

我一个人独居一间大房间，那是一排很好的房子，窗前有大树绿荫，虽然有异于海上的法国梧桐，可是也够人怀念的。那绿色常引诱我做梦，梦见绿杨门巷的一角小楼，虽然那只不过是片断的，零碎的，然而在我，这的确是值得流连的梦。在那像止水一般的生活中，搅起来的一点点微弱的涟漪。(《〈西行诗纪〉续记》)

②一九四五年二月十九日，印度兰伽作。万里外忽得海上家书，附剪报、图片。(《露间诗》)

闻日寇投降

春风渔鼓动边关，竞载罗车万里还。

羁旅未容归故国，寄身得复到乌蛮。
频年诗酒萦尘梦，隔座双髻忆小鬟。
愁绝脂车归去晚，高唐风雨未开颜。

【题解】一九四五年八月十八日，贵阳作。日寇投降之日，余在贵阳。归心甚炽而归不得也。市中有茶楼，乃排夕过之茗饮。又有歌人亦避寇远来此间，万里外乡音，真不堪听也。（《露间诗》）

【纪事】只能洗一个澡，饭后去坐在茶馆里吃那淡而无味的茶，听歌女的清唱，虽然只是那几个面孔，唱的也是那几段《借东风》《南屏山》。总要到十二点钟才回去，躺在帐篷里去听雨，现在想想实在想不出为什么会那么无聊。（《贵阳杂记》）

【笺注】黄裳《〈江湖〉附记》：“忽然‘渔阳鼙鼓动起来’。”可与此诗参证。

莲花池

莲花池畔水青青，芳草依稀绿未醒。
三百年前家国事，一齐都付与沧溟。

【题解】一九四五年九月二十七日，昆明莲花池畔作。道左有二碑，皆雕陈沅遗影，一宫装盛饰，一则老尼。传说圆圆自沉死此池。（《露间诗》）

【纪事】①住在西站外面，沿铁路走不到一里路就是“莲花池”，有一个时期每天要经过两三次，近来昆明水涨，莲花池也不像过去的那么荒秽了。一潭澄碧，池畔的一行白杨倒影在湖里，莲花已经没有了，田田的荷叶还布满了大半池。更有一片醉莲的小小的紫花，点缀在细碎密密的叶子中间，池旁间或有几个洗衣服的女孩子，和包了头布的卖菜乡妇，把菜篮子在池里浸一下，环境实在寂静得很。

三百年前，一个极有声名的女人就是投在这池子里死去的。这是诗人吴梅村曾经为她写过《圆圆曲》的吴三桂的侍妾，陈沅。(《昆明杂记》)

②三十多年前住在昆明，无聊得很，也许是偶然记起了鲁迅先生的话吧，忽然想起三百年前一位有名的女人——陈圆圆，她的最终归宿就在昆明。(《陈圆圆》)

【笺注】此诗黄裳曾抄寄吴小铁，后有跋语：“五十年前游昆明，于莲花池畔得见陈沅画像，因作小诗，书奉小铁先生。癸未夏　黄裳。”（手迹见《黄裳手稿五种》第一二〇页）

一九四六年

忆　往

犹记当筵弦索声，春灯昵语夜分明。
搴迟帘幔熏香起，瘦损腰肢宛转行。
座上燕支疑未去，园中花影自回横。

如何举世成痴误，不及林师一字评。

【题解】三十五年一月七日在重庆村作。来重庆已经一个多月，住在九龙坡，时常进城来玩，这次运气比较好了，不像两年前住在宗江的“此路不通斋”里的尴尬情形。姒二从北碚进城，约我往晤。在春森路一家院子里找到了他，一同去坐咖啡馆，那里静无一人，暗黑得很，本来是极熟的朋友，因为两年不见，好像也没有什么话可说的样子了。我们说着在上海时候的事，他告诉我一些老朋友的近况，三年不见，竟有着那么多的变迁，暗黑中我们翻着一册杂志里的一篇文章，他翻了一下，就还用雍容的声口说：“大有进步了！”是的，我也有此感觉。

后来又到一家南京小店里去喝酒，大曲的清冽，盐板鸭的素淡，烛光摇摇，我们更没有什么话好说。三杯之后，他说今天晚上还有一个Party，不能多吃了。就又走出来，摇着蹒跚的脚步，送他回去，我又到茶馆里吃了一会茶，走回重庆村，在晕黄的灯光下面，默坐，玩弄笔墨，觉得有无已的哀愁。

这将是我的“情感的游戏”的结末一章了吧？我盼望如此。(《〈西行诗纪〉续记》)

【笺注】此忆黄宗英之作，“题解”中所云“变迁”，系指黄宗英嫁程述尧一事。

和马夷初楼外楼题壁间韵

湖山梦想十年间，此日来游一解颜。
树影浸疏离乱后，溪山无恙水犹潺。
能无风雨高楼感，愿得清时鼓乐还。
薄醉倚栏一张望，借他尊酒慰时艰。

【纪事】①许多有名的地方大致也都去过，还在“楼外楼”吃了一次饭。那可不像今天的气派，只不过是一座破破烂烂的酒楼。楼上壁间挂着马叙伦先生的一张诗幅，字写得非常好，悬想大约是在这里吃酒吃得半酣后下笔的。读了马夷老的诗，竟也引起了“诗兴”，凑了下面的七言八句……这诗后来给一位诗人看过，他说写得不好。我想他的意见是不错的。诗里的意思虽然不能说完全虚假，但到底不免有些念“脱空经”的气味。（典出《齐东野语》，我是从钱锺书先生的文章中看来的）自然算不得好诗，甚至不能算是诗。（《杭州杂记》）

②马夷初（叙伦）先生擅书法。一九四六年七月十九日，我偕友人游杭，饭于楼外楼，见壁上有马先生题诗：“不用迂生叹陆沉，倚天一剑酒杯深。当年事等辽东豕，江海浮槎此日心。（和昂若楼外楼题壁韵，乙亥暮春）”字写得飞舞生动、神采飘逸。乙亥是一九三五年，正是国难严重的当口，诗中抑郁不平之气毕现。又过了五年，再过楼外楼，此诗已不见了，不禁惘然。（《湖楼题壁》）

鸡鸣寺

智井空遗六代祠，美人风雨泣燕支。
明珰留忆他生梦，笺擘犹传绝妙词。
玉树歌残春似水，景阳钟断梦成丝。
旧情更向何人说，惆怅城头落照时。

【题解】 一九四六年九月五日，金陵鸡鸣寺作。(《露间诗》)

【纪事】 ①半年以前，我坐在豁蒙楼外面的大殿中的茶桌上，曾经忽发雅兴地写了这样一首诗。(《京尘杂感》)

②凉风中望后湖的芰荷，荒芜的台城，心里平静得很，好像在脑子里开了一部电影，从孙吴开到现在，一部历史电影，还有配音，“玄武湖中玉漏催，鸡鸣埭口绣襦回”……呀，南京的劫余的文化，其在是乎。于喧声笑语之中，我也哼了几句……九月四日鸡鸣寺。(《旅京随笔·鸡鸣寺》)

【笺注】 据《旅京随笔·鸡鸣寺》后所署日期，此诗当作于九月四日，“题解”误。

秋　兴

白下千林染作丹，青青谁与共畸寒。
春来烂漫真如锦，忍作寻常花草看。

【纪事】 在离开梅园以前，在小卖部里买了两袋雨花石，这是周恩来同志生前非常喜欢的东西。第二天，又到紫金山麓的“中山植物园”去看了著名的花圃，虽然时令已是深秋，这里却依旧是万紫千红。归途车中遥望满山苍翠，忽然想起了几年前写的一首旧诗……这和眼前的景色倒是切合的，虽然写诗时的心情已经有了不小的变化。“诗无达诂”，那么就姑且让它留在这里吧。(《梅园》)

胭脂井

咽尽清波水不流，女儿十五弄箜篌。
珮环凄断三山雨，烟树空笼六代愁。
子夜梦回寒似水，碧桃心事总如秋。
年年河上花空发，寂寞无人问蒋侯。

【题解】这回住在一家旅馆里，靠近秦淮，在四象桥畔。四象桥即青溪中桥，从书本上看来的故事又使我联想起那鸡鸣寺前胭脂井畔的事。原来张丽华与陈后主、孔贵嫔逃在那井中又为韩擒虎捉了起来以后，牵到青溪中桥，给杀掉了。那位妖娆的女人，就是在这桥畔死去的。后来曾有“青溪小姑祠”奉祀她，但这祠在清朝已经没有了。在旅馆中，挑灯夜坐，又得一诗。(《京尘杂感》)

【笺注】黄裳晚年写有《露间诗》一文，回忆早年写诗经历：“十多年前，从发还的杂乱书物中发现了几叶诗草，是写在‘仿姜西溟苇间诗稿式’的红格旧笺上的。共七叶，后有跋，写于一九四六年八月十九日。跋文开始的一句话是，‘西哲有言，无论何人，当其恋爱之际，都是诗人’。接下去就说明像自己这样既非雅人更非诗人的角色居然也写下了这些无题诗的由来。这些诗都是从旧日记中抄出的，好像也并不完整，却非有意删落，只是抄漏而已。跋里又有一句话是‘虽云情感之游戏，亦曾多少用心。军中寂寥，得此乃不闷损，是可念也’。在抗日战争后期，我从重庆来到昆明、湘南、桂林、贵阳……许多地方，后来还到了印度。其中有些篇就写于流转之中。重读一过，仿佛重温昔梦，在我，是别有一番滋味的。”

一九四七年

步唐弢《湖上杂诗》六首原韵

其　一

秋老江南有落霞，吴王峰顶望回斜。
更从何处寻诗句，愁绝明湖紫玉槎。

其　二

樽前原自有明眸，一语温馨绕耳柔。
美人何似将军样，忍使人间见白头。

其　三

唱断春灯绝妙词，红绡泪影正如斯。
阿谁寄与簪花样，梦雨春回溅紫墀。

其　四

明圣湖边褪紫绡，影中人语自迢迢。

记曾江上得佳句，归去吴艖卷逝潮。

其　五

顶礼维摩愧未能，尚余影事记来曾。

调筝人去萧条甚，蹀躞秋林味似僧。

其　六

惯从人海看浮沉，梦欲醒时恨亦深。

尚留缣素惊鸿影，消受当时展转心。

【题解】也是在一九四六年，唐弢曾作《湖上杂诗》六首，以之见示，曾有和作，发表时署名黄伯思。后曾收入弢兄文集。这几首诗格调、风致与《露间诗》并同，此后我就不再弄这种营生，因附后以存鸿爪。

【笺注】①《其四》收于《唐弢文集》第三卷，“吴艖”作“吴瓛”，误。而戊午年黄裳将此诗抄示罗孚，又作“吴歈”，亦误。②抄赠罗孚时附有跋语：“三十年前所作和唐弢湖上诗，归已不复省记。近偶检旧报见之，书寄承勋我兄，俾忆我当年发魔时也。戊午春暮　黄裳。”（手迹见《罗孚友朋书札辑》第一一五页）

附唐弢原诗（见《唐弢文集》第三卷）

湖上杂诗

一九四六年十二月二十七日在沪与絜云结婚，翌晨赴杭留十二日，再成湖上杂诗六首。

西湖泛舟

美人峰上挂红霞，落日疏林一望斜。
绝似江南秋未老，明湖熠熠漾轻槎。

苏堤散步

一水盈盈展笑眸，人间难得此温柔。
廿年我与湖山约，书剑归来共白头。

上玉皇山

猛忆青天携手辞，觉来旧梦信如斯。
千寻不惮泥山滑，一笑相扶下石墀。

登六和塔

晴日烟霞笼碧绡，六和古塔影迢迢。
黄昏忽报山风急，回首钱塘有怒潮。

楼外楼　次夷初先生韵

衣冠百辈看升沉，薄醉高楼夜未深。
我自倚天输一剑，湖山不夺少年心。

苏曼殊墓

横刀挟瑟事难能，欲忏尘缘记未曾！
却忆调筝人去远，多情怜尔一诗僧。

露间诗

已迟寻梦厌芳时，此日君来岂所期。
堪慰寂寥江上语，最怜凄咽露间诗。
憨痴犹是娇颜色，絮语难祛比世疑。
一曲当筵不堪忆，江乡摇落感秋词。

【题解】一九四七年六月二十一日作。(《我的集外文》)

【笺注】此诗在《露间诗》一文中，“堪慰”作“堪念”。

游杭州

野菡临水袅余香，欲取荷衣摄晚凉。
行脚相将兴未已，滞人日子夏初长。
怅无翠袖翩跹舞，赖有黄冠自在方。
虎爪冰泉石骨滑，与持一盏共君尝。

【题解】一九四七年七月廿日杭州作。(《我的集外文》)

湖上泛舟

陌上花时遗翠钿，隔船人语倍缠绵。
移舟鸟语惊罗喷，小住人疑是谪仙。
笑拟芙蕖余别艳，眉似春山比更妍。
相逢漫道无人识，消息还应在柳边。

【题解】一九四七年七月廿二日湖上泛舟作。(《我的集外文》)

灵隐道中

避地离群喜索居，才人风致近何如。

鸥盟未谐湖山约，言笑都因壁垒疏。
近宇梵声回晓静，迎人翠色到阶除。
烹茗遗我春时茗，雪浪翻时味更余。

【题解】一九四七年七月廿三日，灵隐道中。（《我的集外文》）

忆　往

腼腆曾看醉后姿，杜兰风里好春时。
漫夸弄玉纤纤手，来点遥青淡淡眉。
欲语燕然先绾笑，小持庄靓许酬私。
更谁解奏江南曲，飘絮临风荡作丝。

【题解】《我的集外文》署一九四七年十二月廿日作。是为最后作。计始于一九四二年，迄于一九四七年。前后凡五年。此后无诗。（《我的集外文》）

【原注】“腼腆”或作“婉娈”。

【笺注】“题解”称写诗“前后凡五年”，亦苦恋黄宗英之五年也。陈凡《壮游诗纪》称此段恋情“为山九仞，师尧无功”，可谓知言。

一九五〇年

湖上杂诗四首

其　一

菰蒲清浅水平沙，着个瓜皮艇子斜。
榜尾斜阳成一笑，为渠烘上脸边霞。

其　二

娟娟初月媚黄昏，眼底青螺远黛痕。
数桨声迟人语寂，不知身在涌金门。

其　三

醋鱼醇酒绿莼羹，不是湖楼浪得名。
如此好春拚一醉，醉看红袖更倾城。

其　四

未妨闲度好春时，并立苍苔读断碑。
依偎惯做痴情想，不是栖栖在乱离。

【纪事】①五十年代初，我写过几首“湖上杂诗”。那是一个春天的下午，在杭州的一家旧书店里偶然买到一册罗两峰的《香叶草堂诗存》，带到西湖的小划子上闲看，那里面有一组写西湖的绝句，很有趣，就试用原韵也写了几首……这（指一、二两首）说的是在西湖上划船，时间是春天的傍晚。这种小划子，最多只能坐四个人；最好是两个人。没有目的慢慢地荡，荡到不想再荡，或到了吃饭的时候就上岸。我以为这是湖上最有意思的一种活动。（《杭州杂

记》）

②庚寅春日，郭石麒以九峰旧庐王氏藏书八种见售，此为白眉。时方自湖上归，喜此书至，作跋卷端，并书所制湖上杂诗四绝，兹并录之。（《武林旧事四册》，见《前尘梦影新录》卷一）

③今日病起，展卷研朱记。时庚寅首夏四月廿五日也。黄裳。（以下录诗四首）后七日，夜读两峰《香叶草堂诗》湖上绝句，依韵四首纪事。黄裳。（《武林旧事》，见《来燕榭书跋》）

【笺注】①“纪事①”称此四绝作于“庚寅四月廿五日后七日”，即五月初三，亦即一九五〇年六月十七日。②此四首收《前尘梦影新录》和《来燕榭书跋》时，次序为“菰蒲”“醋鱼”“娟娟”“未妨”，在《中国影人诗选》中的次序为“醋鱼”“菰蒲”“娟娟”“未妨”。③“其一”在《前尘梦影新录》和《来燕榭书跋》中，“一笑”作“一顾”。以此诗末句“为渠烘上脸边霞”度之，当以“一笑”为是。④“其四”在《中国影人诗选》中，“苍苔”作“苍茫”。⑤“其三”曾书寄凌济，后缀跋语：“五十年前游湖上得成小诗，书似凌济先生哂正　黄裳。”（见《黄裳手稿五种》第一四一页）又曾抄赠谢蔚明，附短跋：“湖上杂诗之一书奉蔚明我兄两正　黄裳。”（见《黄裳序跋》第一一六页）⑥“其一”　“其三”二首曾抄示罗孚，后有跋语：“此三十年前所作湖上杂诗，不成腔拍，聊记一时兴会而已。

会承勋兄索书旧作，因书此以博一笑。一九八七年五月　黄裳。”（见《罗孚友朋书札辑》第一一六页）⑦黄裳此四首诗所依原韵，见罗聘《西湖杂诗二十二首》。

一九五一年

游平山堂

游平山堂阻雨，用乔鹤侨题壁原韵，成二绝。

其　一

绿扬水木最清华，雨湿银藤噪晚鸦。
一枕清凉新睡觉，平山堂作美人家。

其　二

毕竟邗江多绿扬，闲庭经雨漾微香。
白鹇过处鹧鸪唤，不是离人也断肠。

【笺注】①此二首为黄裳之女容洁所辑，见于吕浩博客。诗前小序“乔鹤侨”乃“乔鹤侪”之误。②“绿扬”当为“绿杨”。检光绪辛巳刊《萝摩亭遗诗》，乔鹤侪原作见卷四，题为《题云航僧平山补柳图》。其一云：“莫向扬州觅绿杨，寒烟宿莽总凄凉。”故以“绿杨”为是。

一九六二年

和陈百庸

壬寅双星渡河之夕，得百庸兄远道寄诗，殷勤存问，感慨无端。灯下裁纸和答。既十年不为此业，迟回呫哔，遂至夜分。中宵风雨，不胜巴山之感，因遂写寄。

不是愁边抑酒边，岂无慷慨寄清筵。
佯狂心事存书卷，懊恼襟怀损岁年。
犹有蟫余供覆瓿，敢将栖遁拟游仙。
中宵风雨回灯坐，捉简寻诗减醉眠。

【笺注】①此诗录自《亦狂亦侠亦温文——跋〈壮岁集〉》，“壬寅”指一九六二年。②陈凡，字百庸，黄裳挚友，有《壮游诗纪》。有诗曰：“双燕双栖小榭中，春宵不再恨春风。可能为有生花笔，画得眉弯尔许公。”是诗写于黄裳婚后第二年，乃关于“来燕榭”的最早记录。

附陈百庸原诗

壬寅炎夏，旅次西湖，见池荷盛开，感而成此，即寄黄裳兄海上。

红蕖艳绝六桥边，倍忆朱颜照绮筵。
自古几人能百岁，记从忧汝忽三年。
重楼既有如花伴，小折聊当偶谪仙。
欲供清风凉簟夜，一船明月枕书眠。

附录

黄裳著作书目编年

（1946—2018）

1946 年（民国三十五年　丙戌　27 岁）

11 月，《锦帆集》，中华书局民国三十五年十一月初版一印，列“中华文艺丛刊”第四种，黄裳著。平装，32 开本，86 页。

1947 年（民国三十六年　丁亥　28 岁）

3 月，《关于美国兵》，上海出版公司民国三十六年三月初版一印，新闻通讯集，列“周报丛书”第一辑，黄裳著。平装，32 开本，142 页。

1948 年（民国三十七年　戊子　29 岁）

4 月，《锦帆集外》，文化生活出版社民国三十七年四月初版一印，散文集。列“文学丛刊”第九集，黄裳著。平装，32 开本，246 页。

同时印行《锦帆集外》平装毛边本，非卖品，已知存6册，其中签名书5册。存者：黄裳、巴金、范用、唐弢、沈鹏年、凌济。

同时印行《锦帆集外》题“凤”字精装本约10册，非卖品，道林纸精印，蓝布硬面，书脊印书名、作者烫金字。

作者将原纸型用宣纸打印《锦帆集外》线装本一部，上下两册，孤本。“文革”中被抄没，劫后发还，现仅存下册（黄裳自存）。

8月，《旧戏新谈》，开明书店民国三十七年八月初版一印，黄裳著。平装，32开本，185页。

同时印行《旧戏新谈》平装毛边本，非卖品。

同时印行《旧戏新谈》精装本约10册，非卖品，重磅道林纸特印。已知存者：巴金、唐弢。

作者将原纸型用宣纸打印《旧戏新谈》线装本四册一函，孤本（黄裳自存）。

同月，《莫洛博士岛》，文化生活出版社民国三十七年八月初版一印，［英］威尔斯（H. G. Wells）著，李林、黄裳合译，列“译文丛书”。平装，29开本，221页。

同时印行《莫洛博士岛》平装毛边本，非卖品。

9月，《数学与你》，开明书店民国三十七年九月初版一印，［美］H. Gray，L. R. Lieber著，黄裳译。列“开明青年丛书”。平装，32开本，62页。

12月，《旧戏新谈》，开明书店民国三十七年十二月再版，黄裳著。平装，32 开本，185 页。

1949 年（民国三十八年　己丑　30 岁）

1 月，《数学与你》，开明书店民国三十八年一月再版，［美］Gray，L. R. Lieber 著，黄裳译，列“开明青年丛书”。平装，32 开本，62 页。

4 月，《莫洛博士岛》，民国三十八年四月再版，［英］威尔斯（H. G. Wells）著，李林、黄裳合译。平装，29 开本，221 页。

9 月，《一个平凡的故事》（冈察洛夫选集），文化生活出版社民国三十八年九月初版一印，［俄］冈察洛夫撰，黄裳译，列“译文丛书”。平装，29 开本，526 页。

11 月，《数学与你》，开明书店 1949 年 11 月三版，［美］H. Gray，L. R. Lieber 著，黄裳译。列“开明青年丛书”。平装，32 开本，62 页。

1950 年（庚寅　31 岁）

9 月，《一个平凡的故事》，文化生活出版社 1950 年 9 月再版，［俄］冈察洛夫撰，黄裳译，列“译文丛书”。平装，29 开本，526 页。

10 月，《一脚踏进朝鲜的泥淖里——拟美国兵日记》，泥土社 1950 年 10 月初版一印，黄裳著，洪荒插图。平装，40 开本，82 页。

11月，《一脚踏进朝鲜的泥淖里——拟美国兵日记》，泥土社1950年11月再版，黄裳著，洪荒插图。平装，40开本，82页。

12月，《新北京》，上海出版公司1950年12月初版一印，通讯集，列“艺文新辑”，黄裳著。平装，32开本，124页，印2000册。

1951年（辛卯　32岁）

1月，《新北京》，上海出版公司1951年1月再版，列“艺文新辑”，黄裳著。平装，32开本，124页，印1000册。

8月，《和平鸽的翅子展开了》，平明出版社1951年8月初版一印，列“新时代文丛”第二辑，黄裳著。平装，32开本，76页，印3000册。

11月，《新北京》，上海出版公司1951年11月三版，列“艺文新辑”，黄裳著。平装，32开本，124页，印1000册。

1952年（壬辰　33岁）

7月，《谈水浒戏及其他》，开明书店1952年7月初版一印，书名竖排，黄裳著。平装，32开本，118页，印4000册。

9月，《新北京》，上海出版公司1952年9月四版，列“艺文新辑”，黄裳著。平装，32开本，124页，印1000册。

10 月，《一个平凡的故事》，文化生活出版社 1952 年 10 月四版（编者注：该书三版出版时间不详），［俄］冈察洛夫撰，黄裳译，列“译文丛书”。平装，29 开本，526 页。

1953 年（癸巳　34 岁）

2 月，《一个平凡的故事》，文化生活出版社 1953 年 2 月五版，［俄］冈察洛夫撰，黄裳译，列“译文丛书”。平装，29 开本，526 页，印 3000 册。

5 月，《谈水浒戏及其他》，平明出版社 1953 年 5 月初版一印，书名横排，黄裳著。平装，32 开本，129 页，印 7000 册。

同月，《一个平凡的故事》，文化生活出版社 1953 年 5 月六版，［俄］冈察洛夫撰，黄裳译，列“译文丛书”。平装，29 开本，526 页，印 3000 册。

7 月，《西厢记与白蛇传》，平明出版社 1953 年 7 月初版一印，戏曲论文集，黄裳著。平装，32 开本，266 页，印 16500 册。同时印行平装毛边本，非卖品。

1954 年（甲午　35 岁）

1 月，《西厢记与白蛇传》，平明出版社 1954 年 1 月二版，抽去《跋祁彪佳〈曲品〉残稿》一文，黄裳著。平装，32 开本，196 页，印 12000 册。

4 月，《猎人日记》，平明出版社 1954 年 4 月初版一印，列“新译文丛刊”，［俄］屠格涅夫原著，黄裳译。平装，25开本，498页，印13000册。

同时印行精装本，非卖品，黑丝绒面圣经纸精印，印数约10册。已知存者：巴金、黄裳。另有平装改精装本三种。绛红色细纹布封面本，版权加盖“加精装费￥10000”蓝字印章。已知存者：陈子善；五彩红色锦缎布封面本，已知存者：李济生。浅褐色细纹布封面本，原定价19000划销，版权加盖“字典纸特装本￥44000”改值蓝字印章。

5月，《西厢记与白蛇传》，平明出版社1954年5月三版，抽去《跋祁彪佳〈曲品〉残稿》一文，黄裳著。平装，32开本，196页，印6000册。

9月，《西厢记与白蛇传》，平明出版社1954年9月初版四印，抽去《跋祁彪佳〈曲品〉残稿》一文，黄裳著。平装，32开本，196页，印3500册。

11月，《平凡的故事》，平明出版社1954年11月初版一印，列“新译文丛刊”，［俄］冈察洛夫撰，黄裳译。平装，25开本，501页，印4000册。

同时印行精装本，非卖品，黑丝绒面圣经纸精印，印数约10册。已知存者：巴金。另有平装改精装本一种，绛红色细纹布封面本，已知存者：周亚举。

12月，《哥略夫里奥夫家族》，平明出版社1954年12月初版一印，列“新译文丛刊”，［苏联］萨尔蒂科夫（又译为谢德林）著，黄裳译。平装，25开本，416页，印

7000 册。

同时印行精装本，非卖品，黑丝绒面圣经纸精印，印数约 10 册。已知存者：巴金、周亚举。另有平装改精装本一种，灰色细纹布封面本，已知存者：凌济。

同年，《盖叫天的舞台艺术》（镜头记录本），由中央电影局上海电影制片厂印制，平装，16 开本，45 页，油印本。为京剧舞台艺术片《盖叫天的舞台艺术》电影完成台本。该剧由上海市人民京剧团演出，上海电影制片厂 1954 年摄制。黄裳负责该剧编辑及解说词，未出版单行本。

1955 年（乙未　36 岁）

4 月，《远山堂明曲品剧品校录》，上海出版公司 1955 年 4 月初版一印，〔明〕祁彪佳著，黄裳校注。平装，32 开本，308 页，印 5000 册。

5 月，《西厢记与白蛇传》，平明出版社 1955 年 5 月初版五印，抽去《跋祁彪佳〈曲品〉残稿》一文，黄裳著。平装，32 开本，196 页，印 4000 册。

同月，《平凡的故事》，平明出版社 1955 年 5 月初版二印，黄裳著。平装，25 开本，501 页，印 2000 册。

10 月，《武松》，新美术出版社 1955 年 10 月初版一印，列“戏曲画册”，黄裳编剧。40 开本，288 页，平装印 11000 册，精装印 2200 册。

11 月，《西厢记与白蛇传》，平明出版社 1955 年 11 月初版六印，抽去《跋祁彪佳〈曲品〉残稿》一文，黄裳著。平装，32 开本，196 页，印 1000 册。

12 月，《一箭仇》，新美术出版社 1955 年 12 月初版一印，列“戏曲画册”，黄裳编剧。40 开本，210 页，平装印 8000 册，道林纸精装印 1300 册。

1956 年（丙申　37 岁）

9 月，《平凡的故事》，新文艺出版社 1956 年 9 月新一版一印，［俄］冈察洛夫撰，黄裳译。平装，32 开本，501 页，印 3000 册。

10 月，《哥略夫里奥夫家族》，新文艺出版社 1956 年 10 月新一版一印，［苏联］萨尔蒂科夫著，黄裳译。平装，32 开本，416 页，印 4000 册。

同月，《玉簪记》，上海古典文学出版社 1956 年 10 月初版一印，〔明〕高濂著，黄裳校注。平装，32 开本，137 页，印 10000 册。

11 月，《彩楼记》，上海古典文学出版社 1956 年 11 月初版一印，〔明〕无名氏著，黄裳校注。平装，32 开本，86 页，印 10000 册。

同月，《猎人日记》，新文艺出版社 1956 年 11 月新一版一印，［俄］屠格涅夫著，黄裳译。平装，32 开本，498 页，印 4000 册。有平装改精装本存世，为布脊纸面精装本，凌济存。

1957 年（丁酉　38 岁）

8 月，《哥略夫里奥夫家族》，新文艺出版社 1957 年 8 月新一版二印，［苏联］萨尔蒂科夫著，黄裳译。平装，32 开本，416 页，印 3200 册。

9 月，《林冲》，中国电影出版社 1957 年 9 月初版一印，电影文学剧本，黄裳著。平装，32 开本，51 页，印 4120 册。

同月，《平凡的故事》，新文艺出版社 1957 年 9 月新一版二印，［俄］冈察洛夫撰，黄裳译。平装，32 开本，501 页，印 4800 册。

10 月，《远山堂明曲品剧品校录》，古典文学出版社 1957 年 10 月新一版一印，〔明〕祁彪佳著，黄裳校注。平装，32 开本，344 页，印 1000 册。

11 月，《玉簪记》，上海古典文学出版社 1957 年 11 月初版二印，〔明〕高濂著，黄裳校注。平装，32 开本，137 页，印 7000 册。

同月，《彩楼记》，上海古典文学出版社 1956 年 11 月第一版，1957 年 11 月第二次印刷，〔明〕无名氏著，黄裳校注。平装，32 开本，86 页，印 8000 册。

1958 年（戊戌　39 岁）

《林冲》（完成台本），上海江南电影制片厂 1958 年印制，根据上海江南电影制片厂 1958 年同名电影记录，黄裳编剧。平装，16 开本，44 页，油印本。

9 月，《林冲》（连环画），中国电影出版社 1958 年 9 月初版一印，列“电影连环画册”。根据上海江南电影制片厂 1958 年同名电影改编，黄裳编剧。平装，60 开本，96 页，印 30000 册。

1959 年（己亥　40 岁）

11 月，《林冲》（连环画），中国电影出版社 1959 年 11 月初版二印，列“电影连环画册”。根据上海江南电影制片厂 1958 年同名电影改编，黄裳编剧。平装，60 开本，96 页，印 25300 册。

1962 年（壬寅　43 岁）

《锦帆集外》，香港创作书社据文化生活出版社民国三十七年四月初版本翻印，具体时间不详。

1976 年（丙辰　57 岁）

《锦帆集》，香港某出版社据中华书局民国三十五年十一月初版本翻印，封面无“中华文艺丛刊第四辑”字样，具体时间不详。

1981 年（辛酉　62 岁）

6 月，《八方集》，人民日报出版社 1981 年 6 月初版一印，列“大地文丛”，冯亦代、周汝昌、黄苗子、黄裳、潘际坰、吴泰昌、吴德铎、峻骧八人合著，收录黄裳文12篇，此为黄裳被迫停笔20多年来大陆首发。平装，32开本，280页，印17300册。同时印行平装毛边本，非卖品。

9月，《哥略夫里奥夫家族》，上海译文出版社1981年9月新一版一印，［苏联］萨尔蒂科夫著，黄裳译。平装，32开本，419页，印57000册。

11月，《山川·历史·人物》，生活·读书·新知三联书店香港分店1981年11月初版一印，列“回忆与随想文丛”，黄裳著。平装，32开本，289页。

1982年（壬戌　63岁）

2月，《榆下说书》，生活·读书·新知三联书店1982年2月初版一印，黄裳著。平装，32开本，379页，印16000册。同时印行平装毛边本50册，非卖品。

5月，《花步集》，花城出版社1982年5月初版一印，黄裳著。平装，32开本，264页，印12500册。同时印行平装毛边本40册，非卖品。

6月，《金陵五记》，金陵书画社1982年6月初版一印，黄裳著。平装，32开本，260页，印26500册。同时印行平装毛边本，非卖品。

1983 年（癸亥　64 岁）

9 月，《山川 · 历史 · 人物》，生活 · 读书 · 新知三联书店香港分店 1983 年 9 月初版二印，列“回忆与随想文丛”，黄裳著。平装，32 开本，289 页。

11 月，《猎人日记》，上海译文出版社 1983 年 11 月新一版一印，据新文艺版重印，［俄］屠格涅夫原著，黄裳译。平装，32 开本，441 页，印 30100 册。

1984 年（甲子　65 岁）

6 月，《黄裳论剧杂文》，四川人民出版社 1984 年 6 月初版一印，黄裳著。平装，32 开本，909 页，印 2400 册。同时印行平装毛边本，非卖品。

8 月，《过去的足迹》，人民文学出版社 1984 年 8 月初版一印，黄裳著。32 开本，335 页，平装印 28600 册，精装印 2200 册。同时印行平装毛边本，非卖品。

9 月，《金陵五记》，江苏人民出版社 1984 年 9 月初版二印，黄裳著。平装，32 开本，260 页，印 8600 册。

10 月，《晚春的行旅》，生活 · 读书 · 新知三联书店香港分店 1984 年 10 月初版一印，列“回忆与随想文丛”，黄裳著。平装，32 开本，243 页。

1985 年（乙丑　66 岁）

TALES from PEKING OPERA（《京剧故事集》英文版），

新世界出版社1985年初版一印，黄裳著。平装，32开本，232页。

2月，《银鱼集》，生活·读书·新知三联书店1985年2月初版一印，黄裳著。平装，32开本，377页，印10900册。同时印行平装毛边本50册，非卖品。

5月，《珠还集》，生活·读书·新知三联书店香港分店1985年5月初版一印，列“回忆与随想文丛”，黄裳著。平装，32开本，240页。

同月，《珠还记幸》，生活·读书·新知三联书店1985年5月初版一印，列“读书文丛”，黄裳著。平装，32开本，524页，印9600册。同时印行平装毛边本，非卖品。已知签名本一册，黄裳签赠柯灵，凌济存。

12月，《翠墨集》，生活·读书·新知三联书店1985年12月初版一印，黄裳著。平装，32开本，347页，印3600册。同时印行平装毛边本50册，非卖品。

1986年（丙寅　67岁）

1月，《黄裳杂文·河里子集》，（香港）博益出版集团有限公司1986年1月初版一印，列“中国当代作家介绍”，黄裳著。平装，32开本，226页。

10月，《晚春的行旅》，湖南人民出版社1986年10月初版一印，列“骆驼丛书”，黄裳著。平装，32开本，201页，印2500册。

12 月，《负暄录》，湖南人民出版社 1986 年 12 月初版一印，列“骆驼丛书”，黄裳著。平装，32 开本，221 页，印 2600 册。

同月，《惊弦集》，湖南人民出版社 1986 年 12 月初版一印，列“骆驼丛书”，黄裳著。平装，32 开本，202 页，印 1800 册。

1987 年（丁卯　68 岁）

10 月，《锦帆集外》，上海书店出版社据文化生活出版社民国三十七年四月初版本影印，列“中国现代文学史参考资料”丛书，黄裳著。平装，32 开本，246 页，印 4000 册。

1988 年（戊辰　69 岁）

1 月，《笔祸史谈丛》，人民日报出版社 1988 年 1 月初版一印，黄裳著。平装，32 开本，104 页，印 4000 册。

6 月，《彩色的花雨》，三联书店上海分店 1988 年 6 月初版一印，平装，32 开本，165 页，印 11000 册。

10 月，《当代杂文选粹第三辑·黄裳之卷》，湖南文艺出版社 1988 年 10 月初版一印，列“当代杂文选粹”，黄裳著。平装，32 开本，176 页，印 3550 册。

1989 年（己巳　70 岁）

6 月，《前尘梦影新录》，齐鲁书社 1989 年 6 月初版一印，黄裳著。平装，32 开本，197 页，印 1000 册。

8 月，《猎人日记》，上海译文出版社 1989 年 8 月新一版二印，［俄］屠格涅夫著，黄裳译。平装，32 开本，441 页，印 3200 册。

1992 年（壬申　73 岁）

1 月，《清代版刻一隅》，齐鲁书社 1992 年 1 月初版一印，黄裳著。平装，32 开本，428 页，印 1000 册。

8 月，《榆下杂说》，上海古籍出版社 1992 年 8 月初版一印，黄裳著。平装，32 开本，264 页，印 2500 册。

1993 年（癸酉　74 岁）

3 月，《一市秋茶》，广东旅游出版社 1993 年 3 月初版一印，列“情境文库”，黄裳著。平装，32 开本，339 页，印 2000 册。

1994 年（甲戌　75 岁）

4 月，《河里子集》，百花文艺出版社 1994 年 4 月初版一印，黄裳著。平装，32 开本，388 页，印 1000 册。

8 月，《旧戏新谈》，开明出版社 1994 年 8 月初版一印，列“开明文库”第二辑，黄裳著。平装，32 开本，195 页，印 10000 册。

10 月，《春夜随笔》，成都出版社 1994 年 10 月初版一印，列“当代名家杂文系列”，黄裳著。平装，32 开本，246 页，印 10000 册。

12 月，《旧戏新谈》，开明出版社 1994 年 12 月初版二印，列“开明文库”第二辑，黄裳著。平装，32 开本，195 页，印 20000 册。

1995 年（乙亥　76 岁）

5 月，《春夜随笔》，成都出版社 1995 年 5 月初版二印，列“当代名家杂文系列”，黄裳著。平装，32 开本，246 页，印 8000 册。

1996 年（丙子　77 岁）

1 月，《音尘集》，辽宁教育出版社 1996 年 1 月初版一印，列“书趣文丛”第三辑，黄裳著。平装，32 开本，247 页，印 500 册。

3 月，《清代版刻一隅》，齐鲁书社 1996 年 3 月初版二印，黄裳著。平装，32 开本，428 页，印 8000 册。

4 月，《旧戏新谈》，开明出版社 1996 年 4 月初版三印，列“开明文库”第二辑，黄裳著。平装，32 开本，195 页，印 8000 册。

9 月，《音尘集》，辽宁教育出版社 1996 年 9 月初版二印，列“书趣文丛”第三辑，黄裳著。平装，32 开本，247 页，印 10000 册。

10月，《黄裳书话》，北京出版社1996年10月初版一印，列“现代书话丛书”，黄裳著。平装，32开本，362页，印10000册。

1997年（丁丑　78岁）

1月，《彩色的花雨》，上海三联书店1997年1月初版二印，列“三联文库·文化随笔系列”，黄裳著。平装，32开本，159页，印6000册。

2月，《黄裳散文选集》，百花文艺出版社1997年2月初版一印，列“百花散文书系·当代部分”，黄裳著。平装，32开本，315页，印15000册。

3月，《妆台杂记》，中国社会科学出版社1997年3月初版一印，列“学术随笔文丛”，黄裳著。32开本，231页，印10100册。

4月，《榆下杂说》，上海古籍出版社1997年4月初版二印，黄裳著。平装，32开本，264页，印2000册。

5月，《彩色的花雨》，上海三联书店1997年5月初版三印，列“三联文库·文化随笔系列”，黄裳著。平装，32开本，159页，印6000册。

7月，《音尘集》，辽宁教育出版社1997年7月初版三印，列“书趣文丛”第三辑，黄裳著。平装，32开本，247页，印6000册。

8月，《书之归去来》，湖北人民出版社1997年8月初版一印，列“人间书”，黄裳著。32开本，340页，印8140册。

10月，《黄裳书话》，北京出版社1997年10月初版二印，列“现代书话丛书”，黄裳著。平装，32开本，362页，印8000册。

1998年（戊寅　79岁）

1月，《书林一枝》，山西古籍出版社、山西教育出版社1998年1月初版一印，列“当代学者文史丛谈”，黄裳著。平装，32开本，201页，印5000册。

4月，《黄裳文集》（全六卷，卷目：锦帆、剧论、珠还、榆下、杂说、春夜），上海书店出版社1998年4月初版一印，黄裳著。平装，32开本，4319页，印4000册。

同时印行精装本10套，非卖品。另有平装改精装本，似中国图书进出口公司改装，蓝色、红色两种硬纸封面，同套不同色，黑书脊印书名，烫金，已知存者：凌济。

5月，《黄裳散文》，浙江文艺出版社1998年5月初版一印，黄裳著。平装，32开本，491页，印15000册。

同月，《榆下说书》，生活·读书·新知三联书店1998年5月初版二印，黄裳著。平装，32开本，291页。

10月，《秦淮拾梦记》，新世纪出版社1998年10月初版一印，列“学者小品经典丛书”第二辑，黄裳著。平装，32开本，243页，印5000册。该书未经作者同意出版，实属盗版，丛书由季羡林主编，前言撰写者为李家平。

12 月，《掌上的烟云》，华东师范大学出版社 1998 年 12 月初版一印，列“思无邪文丛”，黄裳著。平装，32 开本，415 页，印 5000 册。

1999 年（己卯　80 岁）

2 月，《小楼春雨》，古吴轩出版社 1999 年 2 月初版一印，列“忆江南丛书”，黄裳著。平装，32 开本，253 页，印 5000 册。

5 月，《来燕榭书跋》，上海古籍出版社 1999 年 5 月初版一印，黄裳著。平装，32 开本，385 页，印 3000 册。

9 月，《书的故事》，吉林摄影出版社 1999 年 9 月初版一印，列“二十世纪中国著名作家散文经典”，黄裳著。平装，32 开本，124 页，印 3000 册。该书未经作者同意出版，实属盗版，丛书标注由季羡林主编，执行主编为谷向阳、朱晓东。

2000 年（庚辰　81 岁）

1 月，《金陵五记》，江苏古籍出版社 2000 年 1 月初版一印，黄裳著。平装，32 开本，210 页。

2001 年（辛巳　82 岁）

1 月，《黄裳说南京》，四川文艺出版社 2001 年 1 月初版一印，列“名家说名城系列”，黄裳著。平装，32开本，353页。

3月，《来燕榭读书记》（上、下），辽宁教育出版社2001年3月初版一印，黄裳著。32开本，720页，平装印4000册，精装印500册。同时印行平装毛边本20册，上下毛边，书口切光，为非典型毛边本。非卖品。

9月，《春回札记》，福建人民出版社2001年9月初版一印，列“瞻顾文丛”第二辑，黄裳著。32开本，380页，印3000册。

2002年（壬午　83岁）

10月，《黄裳自述》，大象出版社2002年10月初版一印，列“大象人物自述文丛”，黄裳著。16开本，243页，印6000册。

12月，《清刻本》，江苏古籍出版社2002年12月初版一印，列“中国版本文化丛书”，黄裳著。18开本，207页，印3000册。同时印行平装毛边书，非卖品。

2003年（癸未　84岁）

1月，《旧戏新谈》，北京出版社2003年1月初版一印，列“大家小书”，黄裳著。平装，32开本，207页，印10000册。

3月，《旧戏新谈》，北京出版社2003年3月初版二印，列“大家小书”，黄裳著。平装，32 开本，207 页，印 6000 册。

同月，《书的故事》，吉林摄影出版社 2003 年 3 月初版一印，列“二十世纪中国著名作家散文经典”，黄裳著。平装，32 开本，119 页，印 30000 册。

经考证，该书系盗印吉林摄影出版社 1999 年 9 月初版一印本，原书系未经作者同意出版，本为盗版书，如今盗版书被盗版，已发现此类盗版书三种。

8 月，《清刻本》，江苏古籍出版社 2003 年 8 月初版二印，列“中国版本文化丛书”，黄裳著。平装，18 开本，207 页，印 4000 册。

2004 年（甲申　85 岁）

1 月，《笔祸史谈丛》，北京出版社 2004 年 1 月初版一印，列“大家小书”，黄裳著。平装，32 开本，132 页，印 10000 册。

同月，《惊弦集》，河北教育出版社 2004 年 1 月初版一印，列“世相丛书”，黄裳著。平装，32 开本，260 页。

同月，《来燕榭书札》，大象出版社 2004 年 1 月初版一印，列“大象人物书简文丛”，黄裳著。平装，16 开本，187 页，印 5000 册。同时印行平装毛边本 20 册，非卖品。

3 月，《黄裳·南京》，吉林美术出版社 2004 年 3 月初版一印，列“名人与名城的前世今生”第一辑，黄裳著。平装，20开本，153页，印10100册。该书未经作者同意出版，实属盗版。

同月，《笔祸史谈丛》，北京出版社2004年3月初版二印，列“大家小书”，黄裳著。平装，32开本，132页，印5000册。

5月，《白门秋柳》，江苏文艺出版社2004年5月初版一印，列“大家散文文存丛书”，黄裳著。平装，32开本，339页。

6月，《白门秋柳》，江苏文艺出版社2004年6月初版二印，列“大家散文文存丛书”，黄裳著。平装，32开本，339页。

7月，《旧戏新谈》，北京出版社2004年7月初版三印，列“大家小书”，封面加印“2004年度文化部财政部送书下乡工程”，黄裳著。平装，32开本，207页，印4000册。

同月，《黄裳序跋》，古吴轩出版社2004年7月初版一印，列“书人文丛·序跋小系”，黄裳著。平装，32开本，145页，印3000册。

9月，《黄裳散文选集》，百花文艺出版社2004年9月二版一印，列“百花散文书系·当代部分”，黄裳著。平装，32开本，405页，印5000册。是书另有版本，封面加印“文学艺术类文化部财政部2005年度送书下乡工程”字样。

同月，《旧戏新谈》，北京出版社2004年9月初版四印，列“大家小书”，黄裳著。平装，32开本，207页，印

5000 册。

同月，《笔祸史谈丛》，北京出版社 2004 年 9 月初版三印，列“大家小书”，黄裳著。平装，32 开本，132 页，印 5000 册。

12 月，《白门秋柳》，江苏文艺出版社 2004 年 6 月初版三印，列“大家散文文存丛书”，黄裳著。平装，32 开本，339 页。

2005 年（乙酉　86 岁）

3 月，《梦雨斋读书记》，岳麓书社 2005 年 3 月初版一印，列“开卷文丛”，黄裳著。平装，32 开本，204 页，印 4000 册。同时印行平装毛边本 100 册，非卖品。

5 月，《海上乱弹》，文汇出版社 2005 年 5 月初版一印，列“文汇原创丛书”，黄裳著。平装，16 开本，228 页，印 3000 册。

8 月，《笔祸史谈丛》，北京出版社 2005 年 8 月初版四印，列“大家小书”，封面加印“文化教育类文化部财政部 2005 年度送书下乡工程”，黄裳著。平装，32 开本，132 页。

10 月，《白门秋柳》，江苏文艺出版社 2005 年 10 月初版四印，列“大家散文文存丛书”，黄裳著。平装，32 开本，339 页。

11 月，《清代版刻一隅（增订本）》，复旦大学出版社

2005 年 11 月初版一印，黄裳著。平装，16 开本，430 页，印 5100 册。

2006 年（丙戌　87 岁）

4 月，《珠还记幸（修订本）》，生活·读书·新知三联书店 2006 年 4 月初版一印，黄裳著。平装，16 开本，418 页，印 10000 册。同时印行平装毛边本 10 册，非卖品。

同月，印行《珠还记幸（修订本）》特印本，精装，16 开本，418 页，印 100 册，非卖品。（该书为黄裳先生个人出资三万余元，用高级亚光铜版纸特别精印之精装本，原计划无定价，非卖品，为先生赠送友人之用，是书被出版社擅自定价，且定价不符合实际。）

5 月，《来燕榭集外文钞》，作家出版社 2006 年 5 月初版一印，黄裳著。平装，16 开本，516 页。同时印行平装毛边本 100 册，非卖品。

同时印行平装本 100 册，钤盖黄裳朱文印鉴一方，加贴黄永玉先生绘画设计藏书票一枚，谓“黄裳散文创作七十年纪念”版。

6 月，《插图的故事》，上海书店出版社 2006 年 6 月初版一印，黄裳著。精装，32 开本，145 页，印 5000 册。同时印行精装毛边本 100 册，非卖品。

同月，《春夜随笔》，安徽教育出版社 2006 年 6 月初版一印，列“黄裳作品系列”，黄裳著。平装，32 开本，229

页，印4000册。同时印行平装毛边本20册，非卖品。

同月，《翠墨集》，安徽教育出版社2006年6月初版一印，列“黄裳作品系列”，黄裳著。平装，32开本，264页，印4000册。同时印行平装毛边本20册，非卖品。

同月，《过去的足迹》，安徽教育出版社2006年6月初版一印，列“黄裳作品系列”，黄裳著。平装，32开本，352页，印4000册。同时印行平装毛边本20册，非卖品。

同月，《河里子集》，安徽教育出版社2006年6月初版一印，列“黄裳作品系列”，黄裳著。平装，32开本，381页，印4000册。同时印行平装毛边本20册，非卖品。

同月，《拾落红集》，安徽教育出版社2006年6月初版一印，列“黄裳作品系列”，黄裳著。平装，32开本，268页，印4000册。同时印行平装毛边本20册，非卖品。

同月，《银鱼集》，安徽教育出版社2006年6月初版一印，列“黄裳作品系列”，黄裳著。平装，32开本，292页，印4000册。同时印行平装毛边本20册，非卖品。

同月，《榆下说书》，安徽教育出版社2006年6月初版一印，列“黄裳作品系列”，黄裳著。平装，32开本，298页，印4000册。同时印行平装毛边本20册，非卖品。

同月，《榆下杂说》，安徽教育出版社2006年6月初版一印，列“黄裳作品系列”，黄裳著。平装，32开本，293页，印4000册。同时印行平装毛边本20册，非卖品。

10月，*Tales from Beijing Opera*（《彩色的花雨》英文

版），美国 Better Link Press 2006 年 10 月纽约出版，列“文化中国系列丛书”，黄裳著，马得插图。平装，16 开本，215 页。

同月，*Shower of Flowers*：*Tales from Beijing Opera*（《彩色的花雨》汉英对照版）（上、下），美国 Better Link Press 2006 年 10 月纽约出版，列“《文化中国》汉英对照阅读系列”，黄裳著。平装，32 开本，382 页。

同月，《皓首学术随笔·黄裳卷》，中华书局 2006 年 10 月初版一印，列“皓首学术随笔”，黄裳著。平装，16 开本，288 页，印 5000 册。

12 月，《白门秋柳》，江苏文艺出版社 2006 年 12 月初版五印，列“大家散文文存丛书”，黄裳著。平装，32 开本，339 页。

2007 年（丁亥　88 岁）

1 月，《插图的故事》，上海书店出版社 2007 年 1 月初版二印，列“海上文库”，黄裳著。精装，32 开本，145 页，印 3000 册。

4 月，《珠还记幸（修订本）》，生活·读书·新知三联书店 2007 年 4 月初版二印，黄裳著。平装，16 开本，418 页，印 5000 册。

12 月，《好水好山——黄裳自选集》，香港天地图书有限公司 2007 年 12 月初版一印，列“当代散文典藏”，黄裳著。平装，32 开本，277 页。

2008 年（戊子　89 岁）

1 月，《黄裳自选集》，人民文学出版社 2008 年 1 月初版一印，黄裳著。平装，16 开本，344 页，印 6000 册。

同月，《书之归去来》，中华书局 2008 年 1 月初版一印，黄裳著。平装，16 开本，338 页，印 5000 册。同时印行平装毛边本 100 册，非卖品。

4 月，《劫余古艳——来燕榭书跋手迹辑存》（影印本，上下两册一函），大象出版社 2008 年 4 月初版一印，列“大象名家珍藏”，黄裳著。线装，12 开本，306 页，印 1000 册。

5 月，《嗲馀集》，花城出版社 2008 年 5 月初版一印，列“花城谭丛”，黄裳著。平装，32 开本，344 页，印 6000 册。

同月，《书之归去来》，中华书局 2008 年 5 月初版二印，黄裳著。平装，16 开本，338 页，印 4000 册。

6 月，《前尘梦影新录（手稿本）》（影印本，四册一函），广西师范大学出版社 2008 年 6 月初版一印，黄裳著。线装，16 开本，1120 页，印 500 册。

10 月，《惊鸿集》，东方出版中心 2008 年 10 月初版一印，黄裳著。平装，16 开本，145 页，印 4250 册。

2009 年（己丑　90 岁）

1 月，《来燕榭少作五种》，生活·读书·新知三联书店 2009 年 1 月初版一印，黄裳著。平装，16 开本，590 页，印 8000 册。同时印行平装毛边本 100 册、蓝布面特精装本 48 册，均为非卖品。

同月，《来燕榭文存》，生活·读书·新知三联书店 2009 年 1 月初版一印，黄裳著。平装，16 开本，358 页，印 8000 册。同时印行平装毛边本 100 册、蓝布面特精装本 46 册，均为非卖品。

同月，《插图的故事》，上海书店出版社 2009 年 1 月初版一印，列“海上文库 1”，黄裳著。平装，32 开本，145 页。

6 月，《黄裳散文选集》，百花文艺出版社 2009 年 6 月三版一印，列“百花散文书系·当代部分”，黄裳著。平装，32 开本，405 页，印 5000 册。

7 月，《寻找自我》，青岛出版社 2009 年 7 月初版一印，列“大家文库”，黄裳著，董宁文编。精装，32 开本，431 页，印 5000 册。

2010 年（庚寅　91 岁）

12 月，《书林一枝》，三晋出版社 2010 年 12 月第二版，2011 年 2 月第一次印刷，列“当代学者文史丛谈”，黄裳著。平装，16 开本，202 页，印 5000 册。

2011 年（辛卯　92 岁）

2 月，《笔祸史谈丛》，北京出版社 2011 年 2 月二版一印，列“大家小书”，黄裳著。平装，32 开本，145 页。

3 月，《故人闲话》，江苏文艺出版社 2011 年 3 月初版一印，列“黄裳作品系列”，黄裳著。平装，32 开本，304 页。

同月，《秦淮旧事》，江苏文艺出版社 2011 年 3 月初版一印，列“黄裳作品系列”，黄裳著。平装，32 开本，315 页。

同月，《书香琐记》，江苏文艺出版社 2011 年 3 月初版一印，列“黄裳作品系列”，黄裳著。平装，32 开本，294 页。

同月，《我的书斋》，江苏文艺出版社 2011 年 3 月初版一印，列“黄裳作品系列”，黄裳著。平装，32 开本，313 页。

6 月，《旧戏新谈》，北京出版社 2011 年 6 月二版一印，列“大家小书”，黄裳著。平装，32 开本，230 页。

同月，《来燕榭书跋（增订本）》，中华书局 2011 年 6 月初版一印，黄裳著。紫红布面精装，32 开本，454 页，印 5000 册。同时印行精装毛边本 200 册，加贴作者亲笔签名编号藏书票一枚，亦有少量未贴票精装毛边本存世。有蓝色仿皮封面精装本，似为个人改装。

同月，《门外谈红》，上海书店出版社 2011 年 6 月初版一印，列“海上文库”，黄裳著。精装，32开本，116页。同时印行精装毛边本20册，非卖品。

12月，《来燕榭文存二编》，生活·读书·新知三联书店2011年12月初版一印，黄裳著。平装，16开本，247页，印5000册。同时印行平装毛边本100册，非卖品。

2012年（壬辰　93岁）

3月，《黄裳散文选集》，百花文艺出版社2012年3月三版一印（编者注：版权如此），列“百花散文书系·当代部分”，黄裳著。平装，32开本，405页。

7月，《纸上翩跹》，上海书店出版社2012年7月初版一印，列“海上文库”，黄裳著。精装，32开本，224页。同时印行少量《纸上蹁跹》纪念笔记本，外观同原书，内页印有插图，无文字、无版权。

8月，《猎人日记》，上海书店出版社2012年8月初版一印，［俄］屠格涅夫著，黄裳译。平装，32开本，424页。

同月，《故人书简》，海豚出版社2012年8月初版一印，列“海豚文存”第三辑，黄裳著。精装，32开本，227页。同时印行精装切花边本200册，非卖品。

同月，《如梦记》，江苏文艺出版社2012年8月初版一印，列“大家散文文存（完美典藏版）”，黄裳著。平装，16开本，259页。

9月5日，黄裳先生在上海瑞金医院去世，享年93岁。

2013 年（癸巳）

6 月，《南国梦》（五幕十景话剧），海豚出版社 2013 年 6 月初版一印，列“海豚书馆”，黄裳、黄宗江合著。精装，32 开本，96 页。

8 月，《故人书简》，海豚出版社 2013 年 8 月初版一印，列“海豚简装”，黄裳著。平装，32 开本，267 页。

9 月，《绛云书卷美人图——关于柳如是》，中华书局 2013 年 9 月初版一印，黄裳著，默当编。精装，分红、绿布面两种，书脊烫金字，32 开本，228 页，印 5000 册。同时印行红、绿布面精装毛边本各 200 册，书脊烫银字（特装本，非卖品）。样书与发售本布面花纹不同，书脊烫银字。

10 月，《黄裳读书》，中国社会出版社 2013 年 10 月初版一印，列“名家读书系列”，黄裳著，方未选编。平装，16 开本，238 页。

12 月，《古籍稿钞本经眼录：来燕榭书跋题记》，中华书局 2013 年 12 月初版一印，黄裳著。平装，32 开本，308 页，印 5000 册。同时印行平装毛边本 150 册，非卖品。

2014 年（甲午）

9 月，《绛云书卷美人图——关于柳如是》，中华书局 2014 年 9 月初版二印，黄裳著，默当编。封面重新设计，精装，32 开本，228 页，印 4000 册。

同月，《黄裳手稿五种》，齐鲁书社2014年9月初版一印，黄裳手稿，凌济编。扉页：谨以此书献给黄裳先生诞辰九十五周年。平装，16开本，176页。

同时印行平装毛边本200册，加贴谢春彦画黄裳像之藏书票。同时印行龙纹明黄织锦缎封面特装毛边编号本，精装，100册，版权页加盖“加收工本费60元”蓝字印章，加贴谢春彦签名藏书票。同时印行纯蓝布封面烫金字特装毛边本，精装，15册，加贴谢春彦签名藏书票，非卖品。

2015年（乙未）

1月，《谢德林作品集》（上下卷），上海译文出版社2015年1月初版一印，列“俄罗斯文库”，［俄］萨尔蒂科夫-谢德林著，张孟恢、黄裳译（下卷：《戈洛夫廖夫一家》）。精装，32开本，724页，印5000册。

9月，《前尘梦影新录》（排印手稿对照版），中华书局2015年9月初版一印，黄裳著。精装，16开本，464页，印2000册。同时印行蓝布面特装毛边本200册，加贴钤黄裳（白文）印章编号藏书票。

2016年（丙申）

1月，《旧戏新谈》，北京出版社2016年1月三版一印，列“大家小书”，黄裳著。平装，32开本，230页。

6 月，《白门秋柳》，江苏凤凰文艺出版社 2016 年 6 月初版一印，列“大家散文文存精编版”，黄裳著。平装，32 开本，282 页。

7 月，《笔祸史谈丛》，北京出版社 2016 年 7 月初版一印，列“大家小书”（国家新闻出版广电总局首届向全国推荐中华优秀传统文化普及图书），黄裳著。精装，32 开，142 页。

同月，《旧戏新谈》，北京出版社 2016 年 7 月初版一印，列“大家小书”（国家新闻出版广电总局首届向全国推荐中华优秀传统文化普及图书），黄裳著。精装，32 开，256 页。

2017 年（丁酉）

7 月，《榆下怀人》，北京出版社 2017 年 7 月初版一印，列“述往”丛书，黄裳著。平装，32 开，247 页。

9 月，《来燕榭诗存》（黄裳旧诗掇英），苏州平社 2017 年 9 月印行，列“平社丛刊第一种”，黄裳著，曹彬辑录，收集黄裳先生自 1942 年至 1962 年所作旧体诗四十一首。平装，32 开本，161 页，印 300 册。同时印行平装编号毛边本 60 册，非卖品。

10 月，《伶人漫忆》，北京出版社 2017 年 10 月初版一印，黄裳著。精装，32 开，191 页。

同月，《金陵五记》，商务印书馆 2017 年 10 月初版一印，列“流金文丛”，黄裳著。平装，32 开本，346 页。同时印行平装毛边本 200 册，非卖品。

2018 年（戊戌）

7 月，《黄裳致李辉信札》，浙江人民美术出版社 2018 年 7 月初版一印，黄裳著，钟妙明策划，李辉编著。精装，32 开，204 页，印 2000 册。同时印行精装毛边典藏本 200 册，每册加贴崔文川据黄永玉画稿设计藏书票。同时印行精装毛边函套本 100 册，每册加贴崔文川据黄永玉画稿设计编号、签名藏书票，非卖品。

8 月，《黄裳作品精选》（全四册），黄裳著，江苏凤凰文艺出版社 2018 年 8 月第一版，第一次印刷，16 开精装本。分册书名如下：

《书海沧桑》，江苏凤凰文艺出版社 2018 年 8 月版；

《秦淮拾梦》，江苏凤凰文艺出版社 2018 年 8 月版；

《掌上烟云》，江苏凤凰文艺出版社 2018 年 8 月版；

《往事如烟》，江苏凤凰文艺出版社 2018 年 8 月版。

注：黄裳先生自 20 世纪 30 年代末期发表作品以来，出版著作及编译、校注作品近 300 种，著作等身。本书目以编年体例，将黄裳先生著、译、校注作品罗列成目，不仅包含黄裳先生出版著作之通行版本、多印次版本，更包括非卖品如毛边本、特精装本等，并将未经黄裳先生同意而出版之著作（盗版、翻印本），一并收入，特别注明。

愿本目有助于同好研究黄裳先生之文学成就。